山东省社会科学规划研究项目文丛·一般项目

服务创新与服务价值网络研究

王成亮　著

图书在版编目（CIP）数据

服务创新与服务价值网络研究/王成亮著．-- 北京：企业管理出版社，2020.10

ISBN 978－7－5164－2219－9

Ⅰ.①服… Ⅱ.①王… Ⅲ.①生产服务－服务网络－研究 Ⅳ.①F273

中国版本图书馆 CIP 数据核字（2020）第 177906 号

书　　名：服务创新与服务价值网络研究
作　　者：王成亮
责任编辑：郑　亮　田　天
书　　号：ISBN 978－7－5164－2219－9
出版发行：企业管理出版社
地　　址：北京市海淀区紫竹院南路 17 号　　邮编：100048
网　　址：http：//www.emph.cn
电　　话：编辑部（010）68701638　发行部（010）68701816
电子信箱：qyglcbs@emph.cn
印　　刷：北京七彩京通数码快印有限公司
经　　销：新华书店
规　　格：170 毫米 ×240 毫米　　16 开本　　12.75 印张　　183 千字
版　　次：2020 年 10 月 第 1 版　　2020 年 10 月 第 1 次印刷
定　　价：58.00 元

摘 要

当前，世界经济已经进入服务经济和知识经济时代，服务业成为经济增长的最为重要的引擎。生产性服务业作为服务业最主要的部分，其重要性是不言而喻的。目前中国正处于产业转型和升级的关键时期，需要生产性服务业在物流、金融、技术、商务等关键环节上的支持和引领。然而，目前我国生产性服务业正处于扩张发展阶段，尚未形成显著的核心能力和竞争优势，对产业升级所提供的动力有限，需要在管理上进行强化和优化。同时，经济全球化使得我国企业的经营环境变得动态复杂，经济主导逻辑的服务化趋势使得传统的供应链管理模式已日益显现其不足之处，因此一种全新的企业管理理念——服务价值网络（Service Value Networks，SVN）模式便应运而生。

SVN 是一种服务生态系统，它是由一系列服务模块和服务子系统所构成的耦合系统。SVN 强调服务网络化和综合一体化运作管理，是生产性服务业的管理系统，也是生产性服务业针对个性化、片段化的客户需求所提供的综合服务平台。SVN 扩展了价值增值空间，促进产业间的协同创新，成为生产性服务业构建核心竞争优势主要策略之一，是中国产业调整升级和进行协同创新的关键基础。在客观上，SVN 模式的提出适应了现代经济的业态交融的现象，是对电子商务物流、网络金融、移动支付、移动商务和物流金融等创新服务模式的系统概括和深化。

本书基于生产性服务业的管理系统特征，探究生产性服务业 SVN 的形成过程、运行机制、利益分配机制和演化稳定性，并深入分析 SVN 在集群中的网络效应和服务协同创新。具体内容可以分为五个递进的层面。

本书第一个层面是对 SVN 系统的内涵及特征进行分析，然后探讨了 SVN 系统的形成原因、过程及构建体系，并给出了 SVN 架构的描述性模型和运营机制；第二个层面是对 SVN 的价值主导逻辑和价值主导要素进行分析，确定了价值分配两阶段模型和要素考量过程；第三个层面研究演化及稳定性，是全文的主要核心内容之一。主要包括两个方面：首先，分析了 SVN 系统的演化模式，也就是“服务平台 + 服务模块”模式，并详细分析了演化主体和演化趋势。其次，针对 SVN 系统，将量子进化计算中的量子位、量子旋转门等理论与萤火虫算法相结合，设计了一种解决复杂服务系统可靠性冗余优化问题的量子萤火虫算法。仿真实验表明该算法在解决 SVN 系统可靠性冗余优化问题时具有良好的性能；第四个层面构建了 SVN 系统中生产性服务企业价值创造能力体系，探寻了提升生产性服务企业价值创造能力的三个维度，分别是资源整合、关系网络和服务创新；第五个层面是全文研究的另一个核心，包含三个密切相关的内容，首先，从中观角度对服务集聚所产生的网络效应的作用机理进行分析，对服务协同创新的路径方式进行阐释，并采用改进的经济增长模型进行数理描述。其次，根据调查序列数据，从微观角度，采用改进的产出/投入约束模型对关系嵌入模式对服务协同创新效应进行实证分析，分行业具体研究嵌入模式对协同创新的影响。最后，根据前述分析，确定 SVN 协同创新的关系治理策略。

本书的创新之处有以下四个方面：

（1）基于系统科学思想，以社会网络和价值网络理论为基础，阐释服务价值网络（SVN）理论，并对 SVN 的形成、构成、运行规则、关键价值要素及价值分配等进行研究，该研究能够深化对服务系统复杂性的认识，并通过学科的融合交叉在服务科学研究中提出相对新颖的理论观点和研究视角。

（2）运用交易成本理论和生态演化理论的分析方法，构建了 SVN 系统的演化模型，首次提出一种解决复杂系统可靠性冗余优化问题的量子萤火虫算法，深入探讨了 SVN 企业合作的演化稳定性。目前尚未发现在复杂服务系统可靠性研究中采用量子萤火虫算法，而这种算法对解决复杂系统可靠性冗余优化问题具有良好的表现和稳定的性能。

（3）基于生产性服务企业的价值创造体系，探寻提升创造能力的途径，数理方法证明效率改善对创造能力提升的有限性，反证了关系网络对价值创造能力提升的有效性。通过改进的经济增长模型论证了服务集聚中的网络效应的作用机理，从中观层面寻找发展生产性服务业的路径；通过产出/投入约束模型进行实证分析，从微观层面探寻生产性服务企业的协同创新模式。

（4）基于知识管理及合作对策理论，提出了 SVN 多节点利益分配的补偿—激励模型。该模型是一种考虑多种因素的综合利益分配机制模型，尤其注重了知识及创造性在分配中的贡献，满足了 SVN 各节点对合作的预期分配利益，既促进了协同，又体现公平原则。另外，本书提出了基于信任与战略导向互动为核心的关系治理机制模式，并论证了这种治理机制的有效性。

ABSTRACT

At present, the world economy has entered the service economy and knowledge economy era; services become the most important engine of economic growth. As the main part of the service industry, the importance of producer services is self – evident. Now China is in a critical period of industry transformation and upgrade, there is strong demand for producer services support and guidance in such key links as logistics, finance, technology, business services. However, at present, China's producer services are in expanding stage of development, and have not yet formed a significant core competence and competitive advantage, so it just can support limited power for industrial upgrading; there is a need to strengthen management and optimization for it. At the same time, the economic globalization makes business environment of Chinese enterprises become the dynamic complex, the traditional pattern of supply chain management has increasingly revealed its shortcomings affected by the service trend for the idea of Economic dominance, therefore a kind of brand – new enterprise management idea——Service Value Networks (SVN) model arises at the historic moment.

SVN is an ecological system of service, and it is a coupled system which is made up of a series of service module and service subsystem. SVN emphasize the integration of the service network and integrated operation management, it is a producer services management system and integrated service platform designed to meet customers' personalized and fragmentation requirements. SVN is not only one of the main strategy to build core competitive advantages of producer services but also is the key to the Chinese industry adjustment and synergic innovation base because it can expand the value - added space, and promote cooperative innovation among industry, Objectively, the SVN mode adapts to the phenomenon of blending the forms of the modern economy, it is the generalization and deepening on such innovation service modes as electronic commerce logistics, network financial, mobile payment, mobile commerce and logistics financial of the system.

Based on the characteristics of producer services management system, this book explore the formation process of SVN producer services, operation mechanism, interest distribution mechanism and evolutionary stability, and in - depth analyzes the network effect and service of synergic innovation when SVN is in the cluster. Specifically, the paper can be divided into five levels.

In this book, the first level is to analyze the connotation and characteristics of SVN system, and then discusses the reasons for the formation, process and building system of SVN system, finally gives the descriptive model and operation mechanism of SVN framework; The second level is to analysis the dominant logic and the dominant element of the value of SVN, building a two - phases model of value distribution and element calculation process; The third level is to research evolution and stability, it is one of the main core of full text. This part mainly includes two aspects: firstly, it analyzes the SVN system evolution pattern, namely "service platform + service module" mode, and analyzes the main body and trend of evolution of SVN. Secondly, it designed a kind of quantum firefly algorithm which can solve complex service system reliability redundancy optimization problem, and this algorithm combined the firefly algorithm with several theories such as qubits in quantum evolutionary computation and Quantum revolving door. Simulation results show that the algorithm has good performance when it is applied to solve the SVN system reliability redundancy optimization problems; The fourth level is to build productive service enterprise value creation ability system in the SVN system, and explore three dimensions that can promote productive service enterprise value creation ability, they are integration of resources, network and service innovation; The fifth level is another core of full paper, and it consists of three closely related content, First of all, it analyzes the mechanism of the network effect produced by service agglomeration from the Angle of medium, and illustrates the path way of the service of synergic innovation, And describes its mathematics with the improved economic growth model. Secondly, based on the investigation of sequence data, from the micro perspective, it has done an empirical analysis on the effect of service coordination innovation which affected by the embedded relationship model with the improved output/input constraint model, and studies specifically the influence of the embedded mode on synergic innovation. Finally, according to the foregoing analysis, it determines the relationship governance policies about the SVN synergic innovation.

The innovation of this book has the following four aspects:

I. Based on system science thought, on the basis of social network and value network theory, service value network (SVN) theory is put forward, and the formation, structure, operation rules of SVN, key factors of value and value distribution are studied, the research can deepen the understanding of the complexity of service system, and put forward to relatively new theoretical perspectives and research perspectives through the fusion of subject cross in services science research.

II. The paper constructed the evolution model of SVN system, creatively put forward to a quantum firefly algorithm which can solve the problem of complex system reliability redundancy optimization using the analysis method of transaction cost theory and the theory of ecology evolution, discusses the stability of evolution of the SVN enterprise cooperation. At present, using quantum firefly algorithm in the study of complex service system reliability has not been found, this algorithm has good and stable performance in solving the problem of complex system reliability redundancy optimization.

III. Based on the value creation system of productive service enterprise, the paper aims to exploring ways to improve the creation ability, mathematical methods shows that creation ability improvement is limited if only depend on efficiency improvement, however, it proves that it is value creation ability improvement is effective if network is depended on. The paper is to argument the Mechanism of action of he network effect mechanism in the service agglomeration by the improving the economic growth model, and is to find the path of the development of producer services from the medium level; and is to carry on the empirical analysis through the output/input constraint model, aims to search for a productive service enterprise synergy innovation model from the micro level.

IV. Based on the theory of knowledge management and cooperation countermeasures, the paper puts forward the SVN compensation incentive model about multi - node benefit allocation. This model is a kind of comprehensive benefit distribution mechanism model considering various factors, especially pay attention to the contribution in distribution for the knowledge and creative, to satisfy the expectations of cooperation of all nodes SVN distribution of benefits, it not only promote the coordination, but also embody fairness. In addition, this book creatively puts forward the relationship governance mechanism model based on trust and strategic direction interaction, and demonstrates the effectiveness of this kind of governance mechanism.

目　录

第1章　绪论

§1.1　研究的背景和意义

§1.1.1　研究的背景

1. 服务经济与知识经济的崛起

进入21世纪以来，世界的经济增长显著依赖于服务业。全球服务业增加值占全球生产总值的比重不断攀升，目前已达到67.7%以上，主要发达国家更高达70%以上，实体经济不断被服务经济替代。在服务业吸收劳动力就业方面，发达国家普遍在70%左右，少数国家如美国等更达到80%以上，服务业成为发达国家的支柱产业。而生产性服务业作为服务业中最为重要的部分，也得到了西方学者的高度重视。同时，知识经济已经成为经济社会持续发展的基础，知识资源成为企业赢得竞争优势的战略资源，学习与创新成为企业保持生命和活力的源泉。服务经济与知识经济的交融发展，使得资源投入的无形化、最终商品的服务化、经济决策的知识化及经济发展的可持续化成为可能。

2. 经济全球化与区域经济的集团化

交通与信息技术的快速发展使得世界经济成为日益紧密联系的统一体。开放的经济体系使得任何一个地区或国家的市场，都会面临国际竞争。经济全球化是当代经济的重要特征之一，也是世界经济发展的重要趋势。经济全球化是指资源、技术等生产要素在全球范围内的广泛流动，以实现资源优化配置。在全球经济一体化趋势下，企业竞争的时空体系已经发生了根本的变化，传统企业之间的个体竞争模式逐渐被企业群体间合作竞争模式所取代，形成了以合作共赢、全球价值链为基本特色的竞争新格局。但是尽管如此，世界各国、各地区的经济独立性依然存在，并且各地充分利用天然的资源禀赋或者逐步培养的竞争优势，逐步将区域经济打造成具有集聚网络性质的经济集团，经济区域之间的竞争日趋激烈。

3. 信息技术的飞速发展

自20世纪90年代以来，网络技术和通信技术蓬勃发展。随着信息技术的飞速发展，计算机集成制造技术、管理信息技术不断完善，电子商务、移动互联技术使得市场交换中的信息搜寻、运营协作中交互成本和交易费用大大降低。企业在运营和管理中的信息沟通和传播更为及时迅速，使得企业能够进一步跨越时空获取各类资源，尤其是知识等无形资源。

4. 产品生命周期的缩短与联合开发的难度增大

现代科学技术日新月异的发展，使新产品、新服务及新的产品服务组合层出不穷，产品与服务不断被新的更有效率的生产服务模式所替代，其生命周期越来越短。企业的产品开发能力虽然在不断提高，然而产品结构日益复杂，产品功能不断完善，定向产品开发完成时间不断被缩短，传统企业独自研发的难度不断加大。越来越多的企业认识到联合开发和协同创新对企业绩效的重要性，但实际运作效果往往不尽如人意。其原因是，新产品开发的不确定性越来越大，企业之间协同开发的投入产出分配容易产生冲突，企业对组织间的关系管理缺乏经验。因此，企业如何解决产品与服务的协同开发与市场推广是迫在眉睫的事情。

5. 全球商品网络的形成与消费者需求的综合化解决方案

在全球经济一体化下，制造企业的合作伙伴遍及全球，生产资料的获得、产品生产的组织、货物的流动和销售、信息的获取都是在全球范围内实现的。企业的运作是按照国际分工协作的原则，利用全球生产网络，实现资源在全球范围内合理分配、流动和优化配置。在此背景下，制造企业的形态和边界发生了根本的变化，凝聚着产品和服务的一体化综合商品的无边界经营模式成为主流。与此同时，消费者需求呈现新的特征，具体表现为需求种类的多样化、需求满足的个性化与片段化、需求满足时间的急迫性。这些消费者需求的变化使得传统企业无法应对或者难以靠低成本应对。对于这些消费需求的变化，制造企业必须与服务企业，尤其是生产性服务企业进行合作，联合实现对消费者需求的综合解决方案，比如利用各类信息网络、物流和商务平台技术，在满足各类需求的同时实现企业成本的控制。

6. **基本结论**

总之，现代企业经营进入一个全新的服务经济和知识经济时代，这个时代具有不断变化、不可预测和不可控的复杂多变环境。企业在当代环境中，必须充分利用企业内外的各类专业知识，提供融合产品和服务的个性化综合解决方案才能满足消费者需求。制造企业在扩充制造网络的同时，必须与生产性服务企业协同合作，构建有效的服务价值网络（Service Value Networks，SVN）。

§1.1.2　研究的目的和意义

研究目的是，在现有的国内外关于服务业价值创造和协同创新的研究成果的基础上，对生产性服务业的价值网络构成、价值分配、网络可靠性及服务协同创造机制进行深入的探讨，为进一步深化对生产性服务业的管理研究，乃至为进一步丰富价值网络及服务协同创新的理论方法体系做出贡献。同时，也为从事制造及生产性服务企业工作的企业界人士提供更宽的战略视角和简便实用的处理问题方法。

本研究的理论和实践意义如下：

在理论上，本研究以复杂系统思想为基础，以系统论、演化论、智能优化方法、集群理论、利益分配理论、投入—产出分析方法、多元回归方法作为主要方法，结合企业管理思想和生产性服务业的发展规律，从复杂性科学的新视角，探讨生产性服务业价值网络的构成、利益分配、网络演化、可靠性分析及服务协同创新的内在规律，深化对生产性服务业系统的认识，在众多的生产性服务业研究方向中开辟新的领域，开拓新的思路，促进学科融合和研究深入，促进国内关于生产性服务企业研究的创新。同时，对生产性服务业不同企业之间的各类关系构建和服务协同创新进行研究，拓展网络嵌入理论，使得网络嵌入理论在与战略导向的优化组合中获得新的发展方向。

在实践中，通过本研究，分析总结出生产性服务业价值网络发展的一般性规律，揭示 SVN 企业利益分配的实现过程，通过系统冗余性明确了其稳定可靠性，帮助生产性服务企业和制造企业进行战略决策分析和系统稳定性预警。另外，本研究也为生产性服务业与制造企业进行服务协同创新及治理机制提供了具体的指导方案，为现实经济中生产性服务企业进行协同运营以及寻求协同创新提供了参考，同时对丰富服务科学与管理的方法体系以及在实践上帮助企业改善经营和管理策略实践均具有重要价值。

§1.2　主要内容及关联结构

本书立足于生产性服务业在发展过程中形成的 SVN，将注意力集中在生产性服务企业的价值网络的构建、价值分配、网络演化、网络稳定性以及服务协同创新路径上，从产业集聚、知识管理、经济生态、社会网络等角度分析生产性服务业的价值网络及协同创新，以期寻找生产性服务企业的发展模式和适合中国现状的生产性服务业最优发展路径，并从关系网络中探寻提升制造业服务协同创新的具体方法和策略，进而实现制造企业与生产性服务企业在运营和创新上的协同优化和创新激励，促成我国制造企业和生产性服务企业的竞争能力在整体上提升，促进经济转型的成功。具体内容包括以下五个部分。

（1）将生产性服务业视为一个系统，研究其管理特征，形成后续研究的基础。探究生产性服务业价值网络运行中的构建过程和运行机制，分析 SVN 的结构和作用机制，不同于以往对以产品制造为核心的价值网络研究，SVN 既注重服务的本质，又包含交互关系网络，更加契合现代社会的服务经济特征。

（2）提出了生产性服务业价值网络的利益分享机制模型并进行演化稳定性数量分析。利益分享是协同的主要目的，而利益分享机制是协同机制的核心机制。SVN 中的利益分享机制是以知识为主要资源的各类资源在服务系统中的配置。因此，必须注重知识资源在利益分享机制中主导地位，形成价值分配对 SVN 自组织的激励。采用量子萤火虫算法对 SVN 的演化稳定性分析，分析了 SVN 的演化规律和服务系统的可靠性，为服务系统的良性发展提供了保障，并形成服务系统创新的正向激励。

（3）生产性服务企业的价值创造能力构成及提升维度分析。在价值创造能力分析中，必须包含企业价值创造能力和客户价值创造能力。而在价值创造能力提升维度中，包含资源整合能力、关系网络能力和服务创新能力等。经济学分析表明，效率提升对于生产性服务企业在既有业务上的价值创造提升有限，经过一定的效率改善后，生产性服务企业应该将重点放在一体化运营和协同创新上。

（4）从战略逻辑导向、投入要素资源等若干个方面界定服务集聚及其产生的网络效应。通过对服务交互性、客户体验及问题系统解决的特征分析，区分服务集群对企业价值创造能力提升的两种效应，即集聚效应和网络效应。重点分析了包含知识经济和创新经济的网络效应，明确了生产性服务企业要以服务协同创新和商业模式创新两种方式提升价值创造能力和企业绩效。利用数理模型方法验证了网络效应的关键性效果，现象归纳和理论推演的结果得到数学推理的支持。服务集群中的网络效应和集聚效应通过战略协同、组织协同、知识协同和价值隔离等机制提升生产性服务企业的价值创造能力。

（5）关系嵌入模式对生产性服务企业服务创新及价值创造的实证分析。关系嵌入是生产性服务业价值网络进行资源配置和价值转换的基本渠道和方式，而关系嵌入模式包括结构性关系嵌入和互动性关系嵌入。通过动态实证数据表明，在生产性服务企业内的金融服务、物流服务、商务服务和技术服务中，除了在技术服务业中结构性关系嵌入对服务协同创新效应具有显著的负向影响，以及在金融服务业中互动性关系嵌入对协同创新效应产生显著的负向影响外，其他结构性关系嵌入和互动性关系嵌入均对服务创新效应产生正向影响。这不仅证明了关系嵌入及网络对服务创新和价值创造的影响性，而且为有效治理机制的管理策略制定提供了战略导向。本书的主要内容及相互关系如图 1－1 所示。

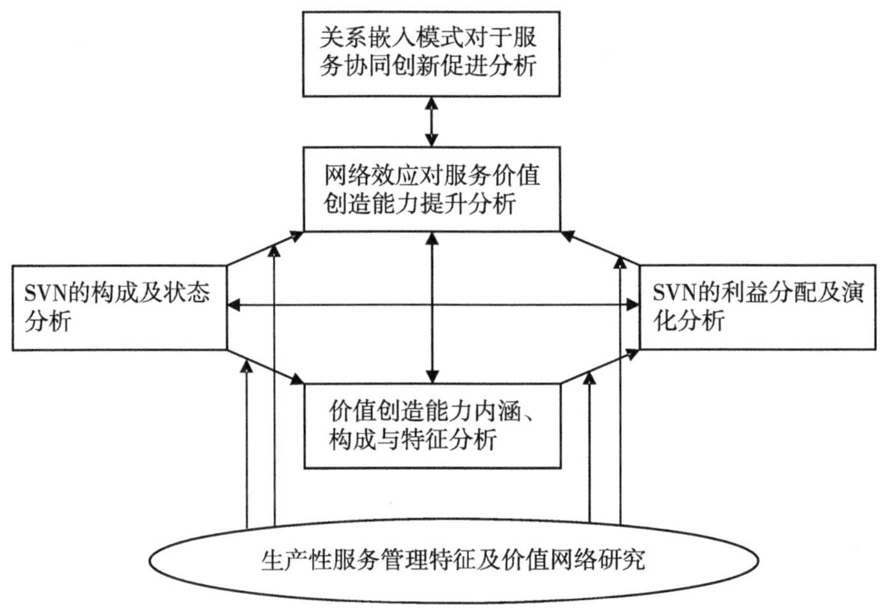

图 1－1　主要内容之间的关联结构

§1.3　主要研究方法

本书的研究方法主要有以下几种：

（1）定性分析与定量分析相结合的方法。本书在定性研究的基础上，对生产性服务业价值网络的构成系统进行分析，并对生产性服务企业的合作优化及利益分配机制进行定量建模与分析。

（2）在系统稳定可靠性分析中，本书将量子理论融入萤火虫算法中，提出了一种解决复杂系统可靠性冗余优化问题的量子萤火虫算法。该算法利用量子计算中的量子位编码表示萤火虫个体，通过量子旋转门对萤火虫进行变异和位置更新操作，防止算法过早陷入局部最优值，使算法的全局搜索能力和搜索效率得到提高。仿真实验表明该算法在解决复杂服务系统可靠性冗余优化问题时具有良好的性能。

（3）社会网络分析在SVN中应用。生产性服务业价值网络是组织网络，符合社会网络的一般特征，更兼具知识密集和交互频繁的特性。社会网络分析技术能够提供一种有效的分析方法。在服务业集聚的网络效应分析中，本书将网络效应纳入改进的经济增长模型中进行数理分析，论证了网络效应的作用机制。

（4）投入、产出约束模型与多元统计分析的结合在协同创新实证分析中的应用。经由资本和劳动投入产出模型改进推广的产出约束模型和投入约束模型推导关系嵌入对协同创新服务的影响函数。采用多元统计分析有关经济运行主体的各类数量信息，定量分析非确定性问题的规律，确定潜在变量之间的结构关系。

（5）以系统科学、生态系统和服务管理科学理论为研究工具。本书利用系统论的观点对生产性服务业价值网络系统的内涵、特征、演化原因等进行分析，将SVN及协同创新视为一个基于自组织与进化法则的复杂自适应系统，综合分析SVN中交互性和协同性。

§1.4　技术路线与结构框架

本书按研究的技术路线可以归结为五个层面：第一个层面主要包括研究的背景、目的和意义、主要研究内容、研究方法、技术路线、创新点，以及生产性服务业管理系统与价值网络理论及其国内外研究现状综述（第1章）。第二个层面的研究是本文的基础，本部分首先对SVN系统的内涵及特征进行分析，探讨了SVN系统的形成原因、过程及构建体系，并给出SVN架构的描述性模型和运营机制（第2、第3章）。其次，对SVN的价值主导逻辑和价值主导要素进行分析，并确定了价值分配模型，详细分析了分配步骤及要素考量过程（第 4 章）。第三个层面的研究是全文的核心内容之一，主要包括两个方面：首先，详细分析了平台企业主导的 SVN 系统中，服务平台企业和模块化企业的演化、优化和发展趋势，分析了 SVN 系统的演化模式。其次，针对服务复杂系统单元众多，其可靠度函数和约束函数具有非线性、非凸和不连续的特点，将量子进化计算中的量子位、量子旋转门等理论与萤火虫算法相结合，提出一种解决复杂服务系统可靠性冗余优化问题的量子萤火虫算法。该算法利用量子位对萤火虫个体进行编码，使量子位概率幅与复杂系统函数变量的解空间建立起映射关系，利用量子旋转门对萤火虫进行变异和位置更新操作。仿真实验表明该算法在解决复杂服务系统可靠性冗余优化问题时具有良好的性能（第 5 章）。第四个层面构建了 SVN 系统中生产性服务企业价值创造的能力体系，分析了效率提升对服务价值创造能力的影响，归纳了资源整合能力、关系网络能力和服务创新能力是服务价值创造能力提升的三个维度（第 6 章）。第五个层面是全文研究的另一个核心，包含三个部分的内容。首先，对服务集聚所产生的网络效应的作用机制进行分析，对服务协同创新的路径方式进行阐释，并采用改进的经济增长模型进行数理描述（第 7 章）。其次，根据调查序列数据，采用改进的产出/投入约束模型对关系嵌入模式、对服务协同创新及价值创造能力进行的实证分析，分行业具体研究嵌入模式对协同创新的影响（第 8 章）。再次，根据前述分析，确定 SVN 协同创新的关系治理策略（第 9 章）。最后，总结与研究展望，该部分主要对全文进行总结，并指出进一步的研究方向（第 10 章）。

本书的研究框架如图 1 -2 所示。

研究目标
绪论
生产性服务业综述
价值网络研究
SVN的形成与概念模型
SVN的价值分配模型及演化稳定分析
生产性服务企业价值创造能力研究
效率提升对价值创造的贡献分析
网络效应对服务企业价值创造能力影响模型
协同机制
价值隔离
内生集聚
实证数据收集
关系嵌入对协同服务创新能力提升的实证研究
SVN的治理机制与管理策略
结论及展望

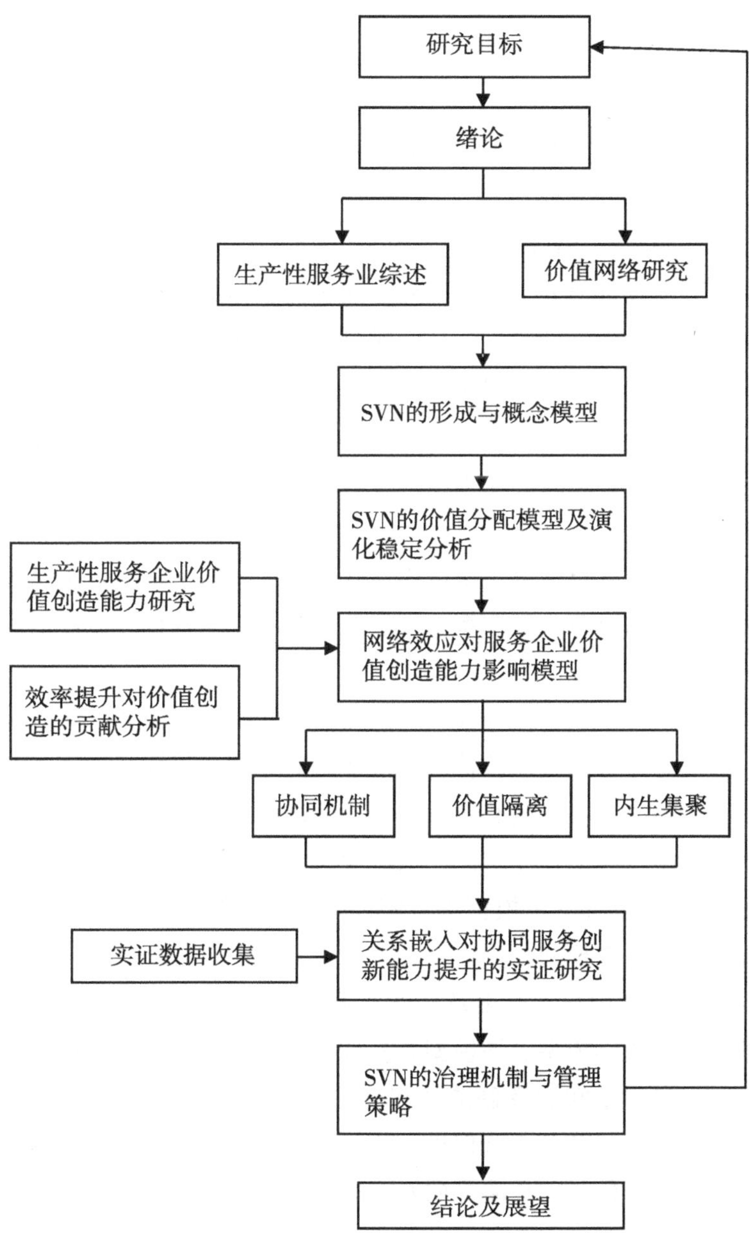

图 1－2 主体架构

§1.5 创新之处

本书的创新之处有以下四个方面：

（1）基于系统科学思想，以社会网络和价值网络理论为基础，提出服务价值网络（SVN）理论，并对SVN的形成、构成、运行规则、关键价值要素及价值分配进行研究，该研究能够深化对服务系统复杂性及协同演化的认识，并通过学科的融合交叉，在服务科学研究中提出相对新颖的理论观点和研究视角。

（2）运用交易成本理论和生态演化理论的分析方法，构建了SVN系统的演化模型，创造性地提出一种解决复杂系统可靠性冗余优化问题的量子萤火虫算法，深入探讨了SVN企业合作的可靠性及演化稳定性。目前尚未发现在复杂服务系统可靠性冗余优化问题中采用量子萤火虫算法，而这种算法对解决复杂系统可靠性冗余优化问题具有良好的表现和稳定的性能。

（3）基于生产性服务企业的价值创造体系，探寻提升创造能力的途径，数理方法证明效率改善对创造能力提升的有限性，反证了关系网络对价值创造能力提升的有效性。通过改进的经济增长模型论证了服务集聚中的网络效应的作用机制，从产业层面寻找发展生产性服务业的路径；通过产出/投入约束模型进行实证分析，从微观层面探寻生产性服务企业的协同创新模式。

（4）基于知识投入产出及合作对策理论，提出了SVN多节点利益分配的补偿—激励模型。该模型是一种考虑多种因素的综合利益分配机制模型，尤其注重知识及创造性在分配中的贡献，满足了SVN各节点对合作的预期分配利益，既促进了协同，又体现公平原则。另外，本文创造性地提出了信任与战略导向互动为核心的关系治理机制模式，并论证了这种治理机制的有效性。

§1.6　本章小结

本章介绍了研究的背景、目的和意义，着重介绍了主要研究内容、主要方法、技术路线和创新之处。

第2章　生产性服务业及价值网络的综述研究

§2.1　生产性服务业的界定及范畴

生产性服务业（Producer Services）也称生产者服务业，最早由美国经济学家马克洛夫（Machlup）于1962年提出[1]，后来布朗宁和辛格曼（Browning & Singelman）于1975年对概念进行了深化和拓展[2]。经过近半个世纪的发展，从总体上看，国内外学者对生产性服务业的内涵基本达成了共识，即直接或间接地为生产过程提供中间性服务的产业，它主要面向生产者而不是消费者。对于生产性服务业的研究范围，学者们根据研究问题的偏好不同也有所不同，如对知识密集性服务业（KIBS）的研究取得较大进展[3]。Martinelli根据服务对象和服务环境进行分类，将生产性服务业划分为包括与资源分配和流通相关的活动，如银行、金融、工程、猎头、培训等；产品和流程设计及与创新相关的活动，如研发、设计、工程等；与生产组织和管理本身相关的活动，如信息咨询、信息处理、财务、法律服务等；与生产本身相关的活动，如质量控制、维持和后勤等；以及与产品推广和配销相关的活动，如运输、市场营销、广告等[4]。Martinelli的分类在国外得到广泛认同。李江帆、毕斗斗对国外生产性服务业进行综述后进行归纳，认为生产性服务业是指那些主要为满足中间需求、向外部企业和其他组织的生产活动提供中间投入服务，用于进行商业运作和更进一步的生产或运营而非主要用于满足最终消费和个人需要的行业[5]。国内学者一般趋向于从门类划分的角度将生产性服务归结为四大类：物流服务、金融保险服务、商务及信息服务和专业知识技术服务[6]。对于我国应该大力发展的主导服务产业问题，闫星宇，张月友基于产业发展潜力基准、技术进步基准和比较优势基准，从需求、供给和比较优势分析得出我国现阶段应该大力发展租赁和商务服务、信息传输、计算机和软件、文化广播电视、金融保险、交通仓储及邮电通信等服务产业，在其提出的主导服务产业中，基本上都属于生产性服务业[7]，这其中有“生产资料优先增长”① 的意味。

目前学术界对生产性服务业的内涵认知已经趋于一致，但是对生产性服务涵盖范围的认识却仍有差别。较早研究生产性服务并具有代表性的 Browning & Singelman 把服务业分为四类：流通服务、生产性服务、社会服务和个人服务，在他们的分类中将流通服务和生产性服务是并列的，而随后许多学者将流通服务纳入生产性服务之内，将服务业划分为生产性服务业、消费性服务业和社会公益性服务业三个大类。经过屡次修订，我国在《国民经济和社会发展第十二个五年规划纲要》中，把生产性服务划分为金融服务业、现代物流业、高技术服务业、商务服务业②。将原划归为生产性服务的交通运输业和信息服务业纳入国民经济的基础服务业范畴，而将过去散见于其他行业的高技术服务业作为一个大类纳入生产性服务业中，更加符合生产性服务业的特征，对生产性服务业的研究遵循“十二五”规划分类将有利于概念界定外延的统一，便于对问题的讨论。

我国在 2013 年服务业增加值占国内生产总值的比重为 46.1%，已经超过第二产业成为最为主要的产业。这不仅是我国消费结构升级不断加快的客观反映，也是产业结构调整政策不断推进的结果，标志着中国经济或将迈入“服务化”时代。然而，我国生产性服务业不但总体水平较低，而且重点区域也并不突出，即使在服务业较为发达的上海和北

① 列宁从产业结构变化的角度，总结了“社会主义工业化路线”的理论基础是“生产资料优先增长”。见《列宁全集》第9卷，北京：人民出版社，1965年，第614页。

② 贯彻国务院关于加快发展服务业的若干意见系列评论．商务部网站，http://www.cicpa.org.cn，2007－12－9.

京，生产性服务业仍处于较低的发展水平[8,9]，生产性服务业需要加速发展，制造业服务化程度也亟须提高。

§2.2 生产性服务业产业特征

§2.2.1 生产性服务业的知识特征

最早提出生产性服务业的美国学者 Machlup 认为生产性服务业就是知识产业①，而 Browning & Singelman 在对服务业进行功能性分类时，将生产性服务业界定为包括金融、保险、法律、工商服务、经纪等具有知识密集特征的，为顾客提供专业化服务的行业②。格鲁伯和沃克认为，生产性服务业的产出中不但包含知识资本还包含大量的人力资本，生产性服务是将日益专业化的人力资本、知识资本导入商品和服务生产过程的飞轮，它是这些资本转化为最终消费者所需要的产品和服务的通道[10]。Byers 和 Lindahl 进一步指出，生产性服务业主要是提供专业性、科学性和技术性服务的产业[11]。国内学者刘志彪也认为，就是因为在投入中包含了大量知识资本和人力资本，在服务产出中才具有更多的知识资本和人力资本含量，现代生产性服务已经从主要依靠技能、技巧转变到依靠知识、技术等新的资本形式[12]。张凤杰等认为，生产性服务业是人力资本和知识资本通过其他企业间接传输给消费者的传送纽带[13]。可以看出，从生产性服务概念的产生起，知识密集的特性就相伴而来，在生产性服务的发展历程中，知识性成为其不可分割的本质属性。因此，在知识经济时代，生产性服务在国家和企业发展战略中得到应有的重视。

---

① Machlup F. The Production and Distribution of Knowledge in the United State [M]. New Lersey: Princeton University Press, 1962.

② Browning H, J. Singelman. The Emergence of a Service Society: Demographic and Sociological Aspects of the Sectoral Transformation in the Labor Force of the. U. S. A. [J]. Virginia: National Technical Information Service, Springfield, 1975: 102-105.

§2.2.2　生产性服务业的过程特征

众多学者在注意到生产性服务知识性的同时，还注意到作为生产过程要素投入的过程属性，或者是中间属性。Greenfield 认为，生产性服务是企业、非营利组织和政府主要向生产者，而不是向最终消费者提供服务产品和劳动。Noyelle 和 Stanback 指出，生产性服务特性在于中间过程投入而不是最终产出[14]。Daniels 等提出，服务业可分为生产性服务业和消费性服务业，他们认为生产性服务业的服务领域是消费性服务业以外的服务领域[15]，针对的用户是企业而不是最终消费者。Howells 和 Green 则认为生产性服务业主要包括保险、银行、金融和商业服务业等为其他公司提供服务的行业[16,17]。Hansen 指出，生产性服务业是为产品的生产或其他服务的投入而发挥着中间功能的服务性行业[18]。Juleff 认为，生产性服务业是依靠制造部门并为其提供服务的产业[19]。Coffer 强调了生产性服务业的作用，认为生产性服务业扮演着一个中间连接的重要角色，用来生产其他企业所需要的产品或服务，是一种中间性投入产业[20]。Toivonen 认为，生产性服务业的中间需求性是生产性服务业区别于其他服务业的一项决定性因素[21]。Joseph 和 Julia 认为，生产性服务是指那些主要满足中间需求、向外部企业和其他组织的生产经营活动所提供的服务[22]。过程性或者中间性是生产性服务的天然属性，这种属性必然带来组织间频繁交互的特征。

§2.2.3　生产性服务业的信息特征

近年来，现代信息技术的迅猛发展为服务业的发展环境奠定了坚实的基础，同时也为研究生产性服务发展模式建立了新的视角。Marshall 认为，生产性服务业可以分为与信息处理相关、与实物处理相关和个人服务相关的服务业[23]。Lane 和 Lubatkin 认为，在以信息技术为核心的新经济浪潮冲击下，企业的竞争规则发生了大幅改变，逐渐形成以知识为主体的竞争形态，产品市场的竞争日益转化为知识和服务的竞争[24]。并且在现代信息技术的冲击和推动下，生产性服务业的组织方式和运行模式发生了前所未有的变化。信息技术开拓了一条通向处理复杂性与不确定性的新路，因为它为现有的互动模式创造了新的企业机制[25]。郝斌等认为，信息技术的应用无疑会推动企业间关系的发展，并进一步作用于企业间关系结构，在当代存在产业标准化、投入多样性、产业技术变革速度加快时，信息技术的应用会推动企业间建构服务导向的协同网络结构[26]。同时，生产性服务业，尤其是知识密集型生产性服务业，由于知识质量和服务绩效难以精确量化考核和预测，容易引发交易双方的信息障碍和滋生道德风险[27]，这就为现代服务业的组织运营模式创新提出了紧迫性要求。因此，近几年，学术界开始关注在现代信息技术的作用下，生产性服务的组织方式和运行机制所进行的调整和改变。

结合以上三种生产性服务业的特征，本书认为，生产性服务是在现代信息技术推动下，为满足外部企业和其他组织的生产运营活动的需求，由服务企业所提供的具有知识特性的中间性服务。生产性服务所反映的是一种企业间互动关系，这种互动关系反映了企业之间服务关系连接、知识关系连接和协作关系连接。

§2.3　生产性服务业与工业制造业的关系

对生产性服务业与制造业之间的关系，学者们多采用投入产出法、回归分析、Logistic 模型、统计模型等方式进行研究。由于数据的获得性，目前的研究主要集中在宏观领域或者产业层面，主要研究某个国家或者某个地区的生产性服务业与工业制造业的产业关联和互动关系。

§2.3.1　生产性服务业与工业制造业的关系演化

不同学者从不同的视角研究生产性服务业与工业制造业之间的关系特征，由于所处的发展时期不同，其关系特征也表现出差异。但是，工业制造业的发展能够带动生产性服务业的发展，而生产性服务业的发展能够促进工业制造业的优化调整，在这一点上达成了共识[28]。在中国，许多学者也以某些地区为例验证了这个假设，如邱灵等以北京市为案例，运用相关分析、投入产出模型等手段，对生产性服务业与制造业互动的产业关联进行分析后得出，生产性服务业投入与制造业效益提升呈现正相关性，并且不同类型的生产性服务业对制造业的中间投入结构存在明显差异①。

生产性服务业与工业制造业之间的关系主要有“需求遵从论”“供给主导论”“互动论”和“融合论”四种观点。由于生产性服务业刚开始是由制造业中的部分功能分离而产生，也是以服务于制造业为目的的，因此在很长的一段时间内，需求遵从论反映了当时的经济发展背景。从生产性服务业概念的提出，有较长时间学者们倾向于将制造业作为经济活动的中心，而将服务业视为附加部分[29]，这从一些对生产性服务的比喻中可以看出，如生产性服务业是制造业的“黏合剂”或者经济的“润滑剂”。供给论则认为生产性服务业是制造业效率提升的关键，没有发达的生产性服务业，就不可能产生先进制造业[30,31]。互动论认为生产性服务业与制造业相互作用，相互依赖，互补发展，协调共生，制造业的发展产生对生产性服务业中间性需求，因此会促进生产性服务的发展，而生产性服务的发展，必然促进和推动制造业效率的提高。在知识和信息的促进和带动下，生产性服务业不断强大，生产性服务业与制造业之间存在互动发展格局，已得到国内外学者的广泛认同[32~34]。“互动论”比较切合目前生产性服务业与制造业的实际关系；苑雅文，罗永泰则对互动论提出了补充，认为制造业与生产性服务业之间并非简单的因果关系，而是相互促进，相互依赖的关系，发展生产性服务业的主导路径是大力开发制造业的潜在需求和隐性需求，从需求整合的角度刺激现代服务业[35]，这种补充是从生产性服务企业的市场开发入手的，其实质是寻找互动的切入口。融合论是指服务业与制造业之间的边界模糊，出现产业融合，制造服务化和服务生产化是其发展趋势。国内学者朱瑞博，马健认为，在信息技术的作用下，这种融合的趋

① 邱灵，申玉铭，任旺兵．北京生产性服务业与制造业的关联及空间分布［J］．地理学报，2008，63（12）：1299－1310.

势将更加明显[36,37]。从整体上看，“融合论”反映的是两者未来的产业演变趋势[38]。

§2.3.2 生产性服务业与工业制造业互动关系

对于目前制造企业与为其提供服务的生产性服务之间的交互作用研究，国内学者们从资源依赖、核心能力和交易成本等理论进行了深入研究，认为产业融合、互利共生是发展的基本趋势。生产性服务与制造业互动的原因在于对知识信息资源的互补需求和价值匹配，Macpherson 基于对纽约制造业 12 年的跟踪调查发现，高科技企业对技术性生产性服务产业具有越来越显著的需求[39]。顾乃华认为，生产性服务业的发展，能够刺激工业企业动态的配置自身资源、能力和价值链环节，从而使得工业企业服务外包，工业企业的资源和能力集中在优势环节，使得获利能力提升[40]。唐强荣等从生态学种群 Logistic 生长方程的视角，构建了生产性服务业与制造业的共生发展模型，得出了经济发展中生产性服务业与制造业具有内生匹配关系，它们共生发展，共同繁荣[41]。赵秀丽，张成认为，当今社会打破了福特制生产方式下的垂直一体化结构，出现了网络经济新形态，并以金融和物流为例，探讨了跨国公司主导的网络化生产体系与生产性服务业网络的“一体化—分离与分立—网络化链接整合”的过程[42]，这种嵌套网络的不平衡发展对就业结构和产业结构的产生重要影响，并对服务管理提出新的要求。

§2.3.3 工业制造业服务化趋势对互动关系的促进

在生产性服务业的发展过程中，从微观视角上看，有两个现象值得特别关注，一是传统制造企业的服务化趋势明显，二是无论是制造企业还是服务企业，服务外包都成为一种经营运作的常态。在服务外包和服务化的作用下，传统工业制造企业最终要么集中精力做好先进制造，要么转型成为现代服务企业，如图 2－1 所示。

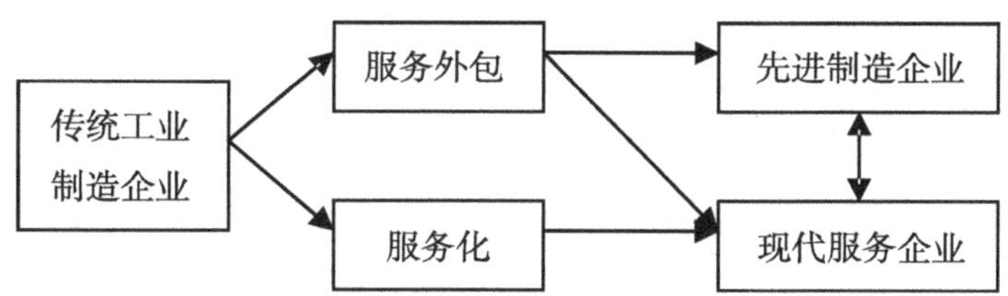

图 2－1　传统工业制造企业的升级路径

在市场竞争和顾客需求的驱动下，有很多制造企业正在由以制造为中心转为以服务为中心，美国制造业服务化的比重高达 58%，英国这一比重也达到 30%[43]，在我国制造业服务化的趋势也已经显现，但尚处于较低水平。从世界范围来说，传统以制造为中心的管理模式正在发生转变[44,45]。制造业的服务化不仅仅意味着扩大服务的范围和程度以促进实体产品的销售和经营，更意味着价值中心由实体产品到无形服务的转移，如日本丰田的货车不再以销售整车为盈利中心，而是转向租赁市场，这就要求管理中心转向诸如汽车金融和车辆维修等服务领域。

国外大多数公司已经意识到这种转变，企业的决策层和管理人员也在努力适应这种以服务为导向的转变，管理模式和组织重构的趋势也正在发生以服务重组和服务创新为核心的改变[46]，但是服务理念的转变在整个社会层面或者是企业层面却尚未形成，“在制造业员工的普遍意识中，以服务为中心的理念转变是个巨大挑战”[47]，服务管理成熟模式尚未形成。

§2.3.4　生产性服务业内部产业间的互动关系

在当代经济较为发达的国家或地区，产生于工业制造业内部的生产性服务业，其独立性和自组织性在不断加强，成为独立性较强的产业。服务业比制造业更具有产业独立性，高级服务业的需求更多地依靠服务业本身，产出也更多地服务于服务业本身[48]。相对于制造业，生产性服务业对其他产业的依赖程度更低，而对自身的需求更为强烈。Juleff 认为，制造业不是生产性服务业的唯一或者是最主要的需求者，相对于制造业，生产性服务业对自身的需求更为强烈[49]；程大中也认为，知识性服务业的增长主要依靠自身的自我增强作用[50]。高端服务业的增长主要依靠自身的自我增强机制，而不是其他产业的拉动。

潘朝相，徐玲考察了长三角区域16座城市的产业结构状况和分工，得出生产性服务业内部在空间上具有协同效应，而且生产性服务业在区域城市聚集的具有现实可行性和必要性[51]。钟韵等根据对企业的调查及访谈，以广州为例分析了高级生产性服务的服务输出空间模式，认为高级生产性服务提供者与服务消费者之间的空间距离对生产性服务的输出影响较小，内在的知识关联需求成为真正制约其关系发展的决定因素，高级生产性服务主要发生在发展程度相当的企业之间[52]。

对于生产性服务业自身发展路径，何骏提出内需型路径和外需型路径，并构建了我国生产性服务业发展的服务外包模式、集聚区模式和外资拉动模式[53]。技术创新和服务创新是生产性服务业发展的根本驱动力。在生产性服务业集群内部，存在大量专业性知识和技术成果，集群内部产业关联和知识关联将产生更多知识溢出，这也会刺激新知识的涌现。而所产生的新知识不仅能够对制造业形成反哺和推进，对于生产性服务业本身也会形成更多的竞争合作关联，形成网络协作关系，共同完成客户定制的整套服务解决方案。在此过程中，生产性服务业的自组织机制也不断得到加强。

§2.4　生产性服务业研究的不足

§2.4.1　研究内容与范畴的不足

（1）生产性服务业的知识密集特性和中间投入性特征已经成为共识，但在现代信息技术作用下，生产性服务企业的运营模式所发生的改变尚未引起足够重视。在现代信息技术的作用下，部分服务功能，尤其是知识性服务和创新性服务已经出现并逐步成为服务主流，一体化的协同服务与协同创新趋势明显。目前，传统有限的服务管理理论滞后于现实实践的发展，需要进行服务管理模式的理论创新。

（2）生产性服务业和工业制造业的产业关联与互动关系得到学者们的重视，无论从供给角度还是需求角度，抑或互动视角，对这两个大类的关系都进行了阐述。但对于生产性服务业自组织发展路径，有较少文献涉及这个问题，部分原因是认为我国远未达到大力发展高端服务业的现实状况。然而，在经济全球化背景下，高端服务业的跨越发展成为在世界经济格局中占领制高点的战略举措。因此，研究生产性服务业自组织路径是非常重要的。

（3）生产性服务业的协同创新是新经济背景下我国经济转型和结构调整的基础。我国要从主要依靠增加自然资源、资本和劳动投入的粗放式增长转变为主要依靠知识、创新的内涵式增长，就必须依靠培育和壮大生产性服务业，依托生产性服务业进行技术创新和服务创新。目前对于技术创新的重要性已经得到认可，而对于服务创新则比较陌生。服务创新是企业能力延展和技术创新扩散的基础，具有多维性、经常性和分散性，在服务经济时代，必须得到足够重视。

§2.4.2　研究范式与方法的不足

目前，供应链管理在管理领域获得了长足发展。它所倡导的基于技术的集成化和同步化协调对于降低交易成本、提高用户满意度等绩效目标具有很大的帮助。当今企业管理者也已经逐步意识到产品供应链在构建企业竞争优势中的重要作用[54]，“供应链与供应链之间的竞争”观念深入人心。与此同时，在学术界对于产品供应链管理的研究已经逐步趋向于成熟，其理念在实践中的运用已日渐广泛。产品供应链在战略层面上表现为上下游企业所建立的战略联盟伙伴关系，而在运作层面上表现为基于不对称信息的业务流程协调和产品供需协调。在产品供应链中，人们强调供应链链内的联合及链与链之间的竞争、强调联合库存或供应商管理库存、强调利用共享信息代替不对称信息[55]。可以说，产品供应链力图通过信息共享、流程导向管理和计划协同来解决产品的供需矛盾，以及降低运作成本。

从供应链的研究领域或者对象来看，产品供应链是以“产品流动”作为核心来协调和管理供应链上不同节点企业的。这种以产品为核心的管理理念存在着某些先天的缺陷：一是由产品的独占性所引起的问题，任何原材料、半成品或者是产品，其归属主体或者是主权方是确定的，也是唯一的。因此，在产品供应链中，非常强调产权和所有权，这就不可避免地强化了竞争而弱化了合作，而这种合作是作为“链”或者是“网”的根本；二是价值问题，在产品供应链中，其焦点在于供应与需求，其价值的实现表现为“卖出”和“买进”，也就是市场价值。在市场价值中，价格是一个非常重要的问题，如果仅从交易价格上来看，这无疑是供应方与需求方之间的一种零和博弈。在这里，协调仅仅是妥协，因此，也就是暂时行为；三是从产业结构上来看，供应链所强调的是一种链式结构，虽然后来部分研究者提出供应链网络概念，然而这种结构的实质是以最终产品来满足客户的需求，从而获得企业价值。我们知道，现代企业价值的实现形式，不再仅仅是满足最终客户的需求，企业的经营会满足多方面的需求，其利润空间也可能来自多个方面，其中，很多需求是中间性需求。总之，在现代服务经济的运营中，供应链管理思想无论从所管理的内容来看，还是从价值依据和组织结构上来看，都需要进行更新和升级。

供应链的本质是产品的供需协调和综合信息系统的建立和应用。产品供应链理念及运用对于降低制造企业运营成本、提高产品到达消费者的渠道效率等方面有较大帮助。然而，在经济全球化、知识经济和服务经济逐步兴起的当代，这种供应链之间的竞争及核心资源获取方式等内容在部分领域显示出不适，其普适性受到质疑。在经济生活中，我们常见的很多市场交换并不以产品为核心，如在研发、物流、金融、电信、教育培训、节能环保、软件开发、电子商务和设备维修等服务领域，顾客关注的是服务而不是产品。在这些领域，以服务为核心的整体解决方案是最终客户所需要的，也成为企业发展的生命线。与此同时，在传统的产品市场中，服务也已经逐步代替产品成为主要的利润来源。例如，在计算机、汽车制造领域，其主要利润来源已经从原来的计算机、汽车销售逐步转移到软件开发、金融服务、售后服务等领域。这种状况的出现使得以产品作为运作核心的产品主导逻辑和产品供应链理论已经不能够对此做出有效解释和有益预测。

德鲁克曾经说过："动荡时期最大的危险并不是动荡，而沿用昨天的逻辑。"在目前，对于众多中国企业组织来说，昨天的逻辑就是工业时代所延续下来的产品主导逻辑，是产品供应链。因为在产品供应链中是以产品的生产、销售来实现价值的，为达到效率的最大化，管理者往往仅仅注重有形产品的供给、规模化和专业分工，往往使得生产和消费分离与分立。这种理念在一定时期对于生产控制、降低运作成本、实现效率和利润最大化是有帮助的。然而，在现代服务经济中，尤其是在系统服务和联合创新领域，沿用产品供应链逻辑却可能使得企业的经营发生偏离，甚至走向毁灭。

§2.5　生产性服务业研究的协同视角

§2.5.1　服务集聚

传统产业集聚是以生产制造为核心的产业集聚，其理论根源于区位经济，而区位经济最为关注成本、生产率及销配渠道，因此管理者强调集群中的规模经济、运输成本及劳动力要素的流动性这三个要素。马歇尔认为较高的专业化水平和对市场交换机制的高度依赖是制造业集群的基本特征。Maskell结合马歇尔集群与区域经济理论，认为产业集聚经济的来源是专业化经济（规模经济、范畴经济）、劳动力市场经济和知识外溢效应[56]。在这些产业集群中，自然资源、能源、原材料和机械设备等具有实体性质的资源非常重要。其产品在本地集群内的消费占有很少份额，其产品绝大多数通过各种流通渠道被输送到各地，因此，成本、运输渠道和营销是企业的关注点。

服务业集聚形成一般在经济区位优越的地区，服务业集聚的主要优势来源是外部性经济，Werner 经过对服务企业的测算得出，在其他因素等同的条件下，经济密度增加一倍使得服务生产率提高6%左右[57]。从产业的角度划分，外部性经济可分为马歇尔外部性和雅各布斯外部性。其中，马歇尔外部性是指性质相近的企业在特定区域内集聚有利于同行业相互学习和交流，促进创新和知识溢出，从而带来外部规模经济。制造业集聚主要发挥的是马歇尔外部性；而雅各布斯外部性是指创新来自跨行业的知识溢出，一定区域内行业的多样性有利于实现报酬递增和经济增长。由于服务的知识特性和异质性，提供生产性服务的企业或者机构规模一般根据任务来成立业务单元，同时服务具有客户定制性，效率远远低于制造企业的效率。因此，相对于马歇尔外部性，雅各布斯外部性对于服务企业和低劳动生产率企业提升更为显著。所以，雅各布斯外部性对于服务业集聚所产生的效果更加明显。

§2.5.2　价值网络

价值网络作为一种商业运营模式，它是企业以客户价值作为战略出发点，运用战略联盟、股权控制等手段，所构筑的价值创造和价值管理体系。在专业化分工的生产服务模式下，处于价值链不同环节的企业及利益相关者分别具有某些特定专用资产和专业知识的核心能力，在产权、契约和关系相结合的治理模式下，组织网络可以通过一定的价值创造和价值传递机制，共同为顾客创造价值。Prabakar 和 David 所提出的价值网络模型，着重强调了核心能力、客户价值和相互关系三个基本概念。这三个概念分别在企业战略、营销理论和网络理论中占有相当重要的地位，价值网络将被学科分割在不同领域的关键构念通过价值创造和价值管理重装起来。价值网络的优化是指核心企业围绕客户价值的实现和提升，以整体系统价值最优为原则，对组织网络中价值生成、分配、转移和使用的关系及其结构进行管理。价值网络扩展了“将投入转换为产品或服务”的直线思维[58]，将企业系统视为价值创造生态系统，更加关注组织间合作，关注价值的共同创造，关注价值生态的整体演化和提升。

价值网络产生竞争优势的内生源泉是知识和创新管理。无论是核心能力的培养、保护，还是网络伙伴信任关系的构筑，都有赖于在网络内部有效地识别、创造、交流、学习那些真正具有价值、对赢得优势至关重要的新知识。价值网络中包括共同收益和边界成本降低方面所起到的作用是各种专业知识的深化和综合的结果，知识在战略收益中的作用突出表现在价值创造和管理创新方面。创新是企业必然的选择，但创新需要大量知识的积累，尤其是在一定共同知识基础上大量异质性专业知识之间的不断交流，才能出现创新成果的涌现。生产性服务业的价值网络为各企业提供了不同层次人才的多种交流通道，知识在不同的生产性服务企业之间得到不断扩散，具有异质性的专业知识的结合为实现价值创造和管理创新提供了源源不断的动力。

§2.5.3 价值共创

传统的价值创造理论基于交换价值，认为价值创造是由企业单独完成的，消费者是价值的享用者或消耗者，客户购买所支出的价格就是产品价值。普拉哈拉德等首先基于使用价值提出价值共创的理念，并认为价值最终是由消费者确定的，企业未来的竞争优势要依赖企业与客户共同建立的价值共创体系[59]。价值共创的研究首先在营销学界展开，并逐步扩展到其他管理领域。鲁斯等认为，价值共创包括生产协同和价值协同两个方面[60]，其中，生产协同是供应商之间的协同，是生产者与服务提供商通过协同设计、并行生产、共同管理库存、共享渠道信息而进行的新型生产方式；价值协同强调的共创价值是使用价值和体验价值，这些价值是服务产品提供者与使用者通过交互作用共同创造的，双方的互动合作能够提升客户价值和企业绩效。因此，价值共创是一项系统工程，其目的是建立客户价值与企业价值的和谐统一和高效提升。

§2.6 生产性服务业协同的平台

§2.6.1 SVN 的内容简介

近年来，许多学者开始关注 SVN（Service Value Networks）[61]，

SVN是制造企业与生产性服务业之间互动所形成的服务交互平台和协同创新平台。SVN是一种企业间组织形态或者是管理模式，这种模式能够促进服务交互、知识交流和协同创新。SVN的研究有两个方面的内容非常重要：一是SVN的模块化结构和网络关系。制造企业通过服务模块化和模块链接，将各种专业知识进行链接、凝和与渗透，为最终顾客提供完善的、基于全生命周期的产品服务组合，实现客户价值的最大化；二是SVN的运行机制、利益分配机制和协同机制研究（见图2－2）。基于SVN，生产性服务企业通过服务交互、业务链接和价值共创活动，知识的生产、传播和创新逐步形成良性循环机制。

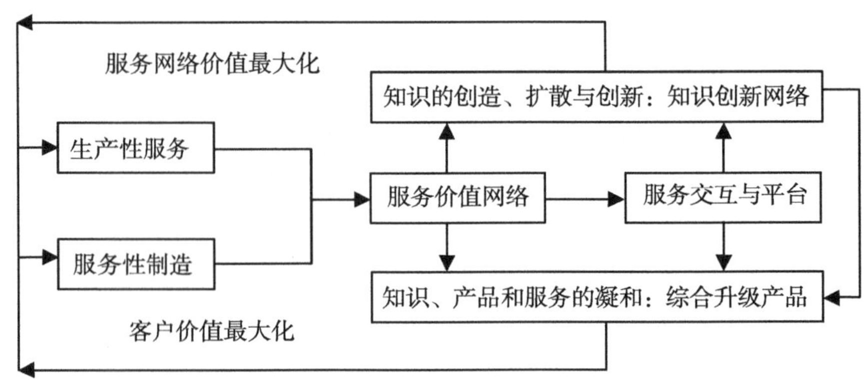

图2－2　工业制造企业与生产性服务企业之间协同服务的运行结构

§2.6.2　SVN的管理理念创新

1. 服务主导逻辑理念

SVN是生产性服务企业实现客户价值和进行服务创新的基本前提。在消费者需求不断变化、个性化日益彰显的当代，SVN能够满足企业多元化创新需求，满足顾客在时间、质量、柔性等各方面的个性需求，构建SVN是实现绩效目标和进行服务协同创新的关键和基础。从逻辑思维上看，服务主导逻辑相对于产品主导逻辑更加能够帮助经济和企业管理者构建更富有效率的管理制度及更具先进理念的管理哲学；从组织理论上看，SVN比产品供应链在功能设计上更加符合现实需求，在适用范围上更加宽泛。可以说，作为一种战略思维和运作理念，SVN 不但适合现代服务业，而且适合传统制造业进行改造和升级。

SVN 正是在这一背景下提出的。从管理内容、价值依据和组织结构上看，SVN 与产品供应链相比都有差别。首先，从内容上看，SVN 所重点关注的关键内容是服务，而不是产品。例如，电信、金融、物流和商务领域内的服务，具有高知识附加、高度综合和易逝性等特性，这种服务显著不同于传统物质产品；而像传统意义上的物质产品，如果借助于服务的理念和思想，将产品视为服务的一种“容器”或者是传递服务的途径[62]，则能够极大地扩大提升产品品质和绩效的途径，拓展企业经营模式。其次，从企业经营思路上看，SVN 所依据的价值是使用价值或者效用，而不是产品价值。如果企业关注焦点在于使用价值而不是市场价值，就能够从产权、所有权等限制中解脱出来，资源能够为我所用即为我的可调控资源，能够极大地拓展经营者的视野和协调范围。同时，将决策依据从市场价值调整为使用价值，能够真正关注客户需求，能够获得顾客真正的购买意图，从而扩大或调整服务领域。从组织结构上看，供应链关注的是从原材料开始，到最终顾客的链条；而 SVN 则关心网络或“服务池”，在这个网络中，发动网络运行的可以是最终顾客，也可以是任何服务集成者和服务提供者，由于需求的多样性和中间性，SVN 更加能够激发各个层级的参与者寻找和开发潜在需求，而这种潜在需求的整合与开发才是服务创新的真正起点。

2. 网络系统理念

从研究范围来看，SVN 能够包含产品供应链的有益理论，因为在我们所研究的 SVN 中，服务包含着产品，使用价值替代市场价值，网络包含了链条。同时，SVN 进一步认为，在日益复杂的现代经济运营系统中，服务导向管理、知识创新和传承、服务协同创新、综合动态能力及社会文化环境等内容应该成为企业进行外部规划管理、实现企业价值最大化的重要内容[63]。

因此，SVN 可以同时作为支出和收益的物质资源流动系统，以及知识和能力流动的虚拟流动系统。作为实体系统，SVN 能够描述价值创造和实现以及服务和物质流动的基本模型，为供需平衡、信息传递提供了运行协调机制。每个企业或组织通过满足其他组织的需求来实现自己的价值创造，同时获取自己所需要的物质和资源。这部分内容应该借鉴并扩充供应链管理；而作为知识和能力的虚拟流动系统，它为描述组织学习、能力增长、协同创新和企业家精神的成长提供了组织运行机制和运作环境。在现代企业组织中，人们更加重视知识的积累、传承和创新，更加重视企业动态能力的培育、成长和运用。同时，创新不再局限于企业内部，而是更多地在企业之间协同进行，SVN 为技术协同创新、流程协同创新和管理协同创新提供了运行环境和平台支持。

§2.7 本章小结

本章从产业层面上综述了生产性服务业的知识特性、过程特性和信息特性，并对生产性服务企业与工业制造企业的关系互动与生产性服务企业自身发展路径进行了回顾。从产业层面和宏观视角分析了生产性服务企业特征现状和互动关联能够揭示问题和彰显意义，但对于如何发展生产性服务企业，必须从微观视角构建适应产业特征和我国现状的发展模式。

第3章　生产性服务价值网络的形成和概念模型

对于生产性服务业的研究，先期学者们分别从资源依赖理论、核心能力理论和交易成本理论进行了深入研究，获得许多非常有价值的结论。然而，这些研究主要集中在行业或企业的单个层面进行研究，忽视了关系所构成的整体网络对个体的影响。本章基于服务科学、知识管理和社会网络理论，将服务模块化外包、知识扩散和关系网络相结合，探究生产性服务企业运作的系统平台，是基于完善服务经济的理论平台，并为服务管理的创新方式寻找路径的考虑。

§3.1　生产性服务业的管理系统分析

制造企业和专业性的生产性服务企业由于资源的限制和构建核心竞争优势的考虑，更愿意将自己不擅长的业务模块外包给在这个领域内具有优势的战略伙伴，从而形成了服务外包网络。这些企业在合作过程中逐步形成了战略联盟和协同创新关系，进而形成了一种服务生态系统。从主导企业上来看，服务生态系统有两种形式，一种是由核心企业主导的，并与众多中小企业的一系列服务模块所构成的复杂耦合系统；另一种并没有一个核心企业主导，而是由政府设定或者自然优势天然形成的众多服务企业的集聚，这类生态系统的服务单元之间的结合可能较为松散，没有前一种关系密切。对于生产性服务业及其服务系统的研究，从微观层面观察企业间作用机制，能够探寻生产性服务企业之间的交互过程和内在机制。服务系统的管理是一个复杂过程，涉及服务模块、服务链接和服务价值增值。其中，服务模块主要涉及业务单元的内部治理，服务供应链是企业间的外部治理，价值增值则是内外部治理的最终目的。

§3.1.1 服务模块化

模块化认知对于复杂系统的研究意义重大，模块化认知方法对于系统研究的功能体现在模块化的特征上。模块化的特征主要表现在封装性、内聚性、耦合性、独立性、重用性和标准性等方面。

从20世纪90年代以来，产品的模块化发展首先在计算机、电子和通信等行业展开，模块化理念逐步渗透到企业的生产经营和组织管理中去，成为推动组织和产业升级及调整的革命性力量。Baldwin 和 Clark 认为，模块化从本质上改变了当代企业和产业组织结构，正在重塑整个社会经济的微观基础，并且认为新经济时代就是模块化时代[64]。芮明杰认为模块化的实施能够提供更多的决策选择价值、提高生产运营的弹性、增加组织创新的机会及实现规模经济和范畴经济的收益[65]。在众多制造领域内，已经实现了产品模块化、价值模块化和组织结构的模块化；而在商业领域，如果将产品或服务视为一系列属性的集合，为平衡顾客多样化的需求和降低成本之间的矛盾，将客户需求进行模块化定义，同样能够达成服务产品的多样性和共性技术之间的均衡。可以说，当代社会已经进入模块化设计、模块化生产、模块化服务、模块化消费的高速发展时期。

现代服务管理基于模块化理论，从提升服务质量和升级服务内容的角度，将复杂的服务系统进行模块化的评估和分割，利用服务的特定属性将服务包划分为不同的服务模块，形成容易测量的服务单元和流程体系，将更有利于服务的操作、管理、控制和创新。现代服务是一种以高级资源禀赋为基础的模块化经济体系，基于信任和便捷的多方协作是服务系统的核心资源，模块的创新能力是服务系统的基本能力[66]。将无形的、知识性的和易消逝的服务进行模块化定义和标准化管理，对于服务组织的运营管理具有非常重要的意义。

服务模块的引入能够有效解决服务的不确定性和服务质量感知的主观性引起的服务质量控制困难问题。服务模块化是利用模块化技术将连续的服务过程分解为离散事件的有机组合。这种分解能够对服务过程进行详细解析，从而能够更加容易发现服务质量出现问题的环节，改善服务质量。服务模块化能够使服务企业减少服务的复杂程度和不确定性，提高管理效率；同时服务模块化能够使企业有能力应对变化的外部需求，降低经营风险。服务模块化同样有利于价值创造和管理创新。服务系统中每个功能模块都是半自律的独立子系统，发挥着作为一个子系统的特定功能，在子系统内部可以进行创新以形成更好的服务性能，并且这种创新是不影响整个系统的整体运作的。当客户的需求发生大的变动时，可以将传统的服务系统进行解构，重新分析价值创造的关键点和层次，根据价值创造规律，分析本服务模块与其他模块的链接需求，重新设计和组合价值模块。

模块化 SVN 的形成有两个前提条件，这也是服务企业提高服务外包效率或者形成基于服务的战略联盟的基础：一是服务活动能够通过标准界面进行模块化封装，二是模块化服务能够按照客户需求进行无缝衔接与配合。随着专业分工的精细发展与现代信息技术的便捷利用，现代服务业价值网络形成的两个前提条件已经逐步具备。

§3.1.2　服务模块之间链接

1. 外包关系

服务外包是指企业将部分或者全部信息服务、应用管理和商业流程等非核心业务，发包给企业外第三方服务提供者，用以集约资源、降低成本、优化组织结构、提升企业核心竞争力。对于生产性服务外包的研究，学者们分别从资源理论、核心能力理论和交易成本理论进行了深入研究。企业建立服务外包关系的原因有三个：一是寻找专业的合作伙伴以满足生产经营的需要，二是为满足自身特殊需求而进行专门定制，三是在不确定契约环境下进行关系投资替代专用资产投资。当然，服务外包在管理控制、流程再造和关系稳定性等方面存在一定风险。

根据业务内容的不同，服务外包可以划分为商务流程外包（BPO），信息技术外包（ITO）和知识流程外包（KPO）。在过去二三十年内，由于信息技术的巨大发展和商业化推广，使得包括软硬件和通信领域的ITO服务成为最大的服务外包市场。与此同时，现代物流、金融财务、研发设计、人力资源和管理咨询等在传统企业中被认为是关键性资源的内置功能模块，也逐步成为服务外包的对象，成为BPO（包括KPO）的主要内容。这种基于现代信息技术将业务流程委托给专业化服务商的做法得到不断推广和加强，已经包括企业的内部管理、业务运作管理和供应链管理。

服务外包具有很强的区域性，主要发生在跨国公司与具有比较优势禀赋的地区性企业之间。当前，服务离岸外包已成为跨国公司为主体的国际服务业转移的新形式，也是发展中国家生产性服务业快速发展的新增长点。另外，服务外包近年来出现由价值链低端向高端渐进发展的趋势，知识密集型的研发外包、供应链管理外包和金融服务外包等核心业务外包逐渐增多。

2. **服务供应链**

关于服务供应链的概念，美国学者Ellram2004年在《如何理解和管理服务供应链》一文中开始对其进行界定和研究[67]。所谓服务供应链，是针对特定的客户服务需求集成服务企业和服务供应商的全部相关资源所进行的协同运作。而服务供应链管理，是指在生产性服务外包过程中，针对服务的产生和交付所形成的，从最初的服务提供商到最终的顾客之间对信息、服务过程、服务能力、服务绩效、服务资金进行集成化管理。这种服务供应链以服务外包为基础，以专业化服务为研究对象。服务供应链在提高服务质量、缩短对客户需求的反应时间和降低成本等方面具有优势。与产品供应链相比，服务供应链所包含的层次较少，但供应链的稳定性却比较差，因此，需要设计符合服务科学的结构。由于服务的多样性和复杂性，在其后的服务供应链研究中，大多研究结合具体行业，如物流供应链、金融供应链和知识供应链等。

§3.1.3　服务价值增值与价值创造能力

价值增值是服务模块化和构建服务供应链的目的。从迈克尔·波特基于基本活动和辅助活动所形成的价值链理论开始，价值增值得到了前所未有的重视。对生产性服务价值增值的研究，Changfeng Wang 和 Peng Zhang 认为生产性服务是价值增值的过程[68]，并将生产性服务分为上游生产性服务，如产品设计、产品研发；中游生产性服务，如贸易、运输和供应链管理等服务；下游生产性服务，如商务服务和中介服务等；全程生产性服务，如金融保险服务、结算服务等。Thomash 和 Leinbach 认为生产性服务业与制造业互依互补，在价值链中分工合作，共同完成最终产品的价值增值[69]。Joseph 和 Woerz 通过对 OECD1994—2004 年的商品和服务的面板数据分析，得出服务的质量和水平是制约制造业和贸易发展的决定性因素。随着越来越多的生产性服务活动参与到制造业生产活动中，生产性服务影响着价值链的分化和重组[70]，制造业的价值链正在转化为面向服务的价值链。刘明宇等认为发展关系性生产性服务的重点是通过商业模式创新发现更有效率的价值创造方法[71]。外部环境的巨大变化使得生产性服务运作模式创新的急迫性日益凸显出来。

对服务研究的深入开展表明，现在很多企业提供给客户的既不是单纯的产品，也不是单纯的服务，而是既包含产品又包含服务的综合解决方案，产品与服务之间的区别变得模糊。“什么都是服务”[72]，“产品不过是服务传递的容器”[73]，服务就是一种价值创造。客户购买才是企业价值产生的唯一源泉，客户究竟注重什么？很多文献认为，在本质上客户其实并不注重产品和服务本身，而是注重从产品和服务中所获得的收益。与传统上企业依靠自己的能力为客户创造价值最大化的同时也将长期不能获利的风险留在企业内部不同，现代服务企业将自身设定在某个网络中，将自身精力集中在核心能力上，并与网络中的其他成员进行合作，共同创立价值星系。也就是说，服务企业通过构建服务系统，进行价值共创和协同创新，在服务系统中，从服务提供者的角度看待价值创造的要点在于核心能力和能力互补。

§3.1.4 服务系统的复杂性

在服务管理中经常用服务包来描述服务系统的构成要素，习惯上把以服务为主导的产品组合称为服务包。从系统论的观点看，服务包是一个系统，由相互关联的要素集合而成。服务系统包括四类构成要素：显性服务、隐性服务、辅助物品和支持设施。服务系统是服务企业向顾客提供的产品组合。虽然只有显性服务是顾客要购买的内容和本质价值，隐性服务、辅助物品和支持设施只起到辅助性作用，但是顾客对服务价值的判断，却是以服务包的整体形式出现的，是一个连续统一体。

服务系统的复杂性是由要素之间关系链接的多维性、多样性和非线性而产生的。如果显性服务有 m 种、隐性服务有 n 种、辅助物品有 k 种、支持设施有 l 种，那么服务系统内要素的组合方式，也就是服务包的可能构型，可能达到 $2^m \times 2^n \times 2^k \times 2^l$ 种，这种以指数方式增长的服务组合方式构成了服务系统的复杂性。现代经济的发展需求和市场环境的改变要求现代服务系统具有可重构性，这就更加增强了服务系统的复杂性。

§3.2 SVN 的形成过程描述

§3.2.1 多样性关系链接

价值模块的链接和服务流程优化是获取外部经济性的关键步骤。生产性服务以客户需求为中心，将价值模块进行链接形成价值链。价值链是由一组价值模块按照一定的界面规则结合构成的“基因组”，界面规则是根据外部环境和前期交易经验形成的。价值模块之间的链接采用结构性嵌入和关系性嵌入方式进行结合。多样性的关系，如物流、制造维修、客户关系管理、销售代理等基本服务活动以关系性嵌入价值链中，主要获取规模经济所带来的成本降低优势；而法律管理等专业咨询、人力资源、研发等支持服务以结构性嵌入价值链中，主要获取专业化知识所带来边际效用递增优势。由于将市场交易的治理方式转化为关系治理方式，信息交流更加通畅，能够产生边界成本的降低和新的价值增值。

不同生产性服务企业的价值模块和模块化价值链在共同的界面标准和信息技术的作用下，耦合连接、融合交叉，形成 SVN。生产性服务企业价值网络的联结主要表现在“五流”：物流，资金流、信息流、知识流和人才流。而从产生的根源上看，可以分为内生生产性服务和外生生产性服务。外生生产性服务是指传统的银行、证券、信托和职业教育等，与传统制造业本来就是分离的，这种生产性服务发展的重点在于通过市场磨合，与客户企业结成关系密切的联结和网络；而内生性生产性服务如物流、研发、人力资源管理等目前只有部分分离出来，大多数则隐藏在制造业内部，尚未成为成熟行业。通过功能分离和服务外包，在模块化和通用化标准的作用下，促使各个企业以自己的核心能力为基础做好自己的模块，再产生企业间的联结，从而构成网络。

对于 SVN 中联结的作用目前尚未有全面的归纳分析，只有散见于部分文献中。例如张小蒂，王永齐验证了金融市场和企业家形成的联结效应，他认为，金融网络对企业家网络形成具有正向促进作用[74]，金融市场效率越高，企业家显现的速度越快，该地区也就拥有较高的企业家密度。对于服务外包与创新体系、人才流动、规范网络的联结等内容尚需做进一步研究。

生产性服务内部服务模块和外部服务模块的链接与耦合构成了整体的价值网络。价值网络本质上是一种价值创造系统，不同的服务提供商，如第三方物流、会展企业、信息服务商等共同合作创造价值，各产业成员组成共创价值、相互服务、共同成长的价值网络。在由众多价值链形成价值网络的过程中，会产生新的创造性链接，容易促使服务创新的系统涌现。价值网络是在客户价值战略的引导下，系统性协同合作创造价值的体系。生产性服务在合作和竞争的驱使下，将各服务功能分解、再设计、整合以使服务成本降低或达成服务创新，以系统性和整体性的方法创造价值。在生产性服务业价值网络中，合作是创造价值的基础，只要通过合作，网络的效益才能充分发挥出来；竞争是对剩余价值的分配，这种分配是基于模块价值创造的能力和贡献的。

§3.2.2 异质性资源的适应性匹配

生产性服务企业运用自己既有资源或潜在的可动用资源，通过资源活化和知识流动满足制造企业和其他生产性服务企业的需求，实现价值创造和价值增值。生产性服务业价值网络通过资源交换和知识共享，形成了一个动态的网络学习和网络成长过程。网络中的每个行动者都是带着一定的资源进入网络之中，资源在网络构成中占有相当重要的位置，决定了一个企业能否进入某个特定的价值网络及它在所进入的网络中的位置。由于各生产性服务企业的特性各不相同，因此价值网络中的资源具有不同的禀赋，如各个企业在能力特性、专业性知识特性等方面所表现出的差异等。

建立在自己所拥有的资源基础上的生产性服务外包主要包括物流服务外包、金融保险服务外包、商务信息服务外包和专业知识服务外包等，这些服务外包在两个层面上发挥作用。一是运营层面，作为常规业务，包括人力资本在内的各种资本要素投入生产服务过程，形成价值增值和创造，更多地充当“价值的直接增加者”。在运营层面上的服务外包合作关系中，所涉及的服务范围和综合程度、服务价值、交互摩擦程度以及合作时间长短成为衡量这种服务外包关系强度的重要依据；二是战略层面，在服务外包的交互过程中，尤其是在知识技术密集的服务外包合作关系中，交互的企业双方接触频繁，双方在交互中相互学习，共同知识和各种专业性知识的交互产生溢出效应，获取对企业的长远发展起到决定作用的远见卓识和从感知中才能获取的隐性知识，成为“价值的间接增加者”。知识交流的频度、强度、深度和范围成为衡量这类服务外包关系强度的重要依据。

生产性服务外包的关系特点使得这种外包关系所形成的价值网络表现出明显的特征，这些特性可以从价值网络的资源、结构和规范三个方面来探究。另外，由于知识和创新在生产性服务中的巨大作用，SVN 必须有利于知识交互和交流。

§3.2.3　服务组织的交叉融合

从个体企业的角度看，生产性服务业价值网络可以分为内部网络与外部网络，分别对应着内部服务模块和外部服务模块，这种划分的依据是服务组织的所有权。其实，由于生产性服务最终是以客户需求为中心的，在提供定制化服务的过程中，各成员之间的模块进行链接时，所有权并不是要考虑的关键因素，组织模块衔接并出现交叉，边界出现模糊化和柔性化趋势。因此，从这个角度看，服务模块之间的界面设计非常重要，它决定了服务流程的优化和服务的传递效率。当然，生产性服务业价值网络中组织边界的模糊化并不是要求企业间的界限完全消失，而是在于强调组织之间交易边界的柔性化和界面的可变性。

§3.3　SVN 形成过程的描述性模型

§3.3.1　生产性服务外包与价值关系的形成

生产性服务外包可以划分为商务流程外包（BPO）、信息技术外包（ITO）和知识流程外包（KPO）。生产性服务外包的主要目的是为获得外部规模经济优势和利用专业化分工所得到的报酬递增效果。在生产性服务外包活动中，为保持经营活动的连续性和协调性，通过不断地调整和适应，生产性服务企业不断地嵌入生产网络中，所形成的价值网络使得合作企业不断降低成本并高效地交换到所需要的资源。

在运营层面上，生产性服务通过关系嵌入所形成的价值网络能够更好地匹配各相关企业，这种价值网络运营成本大大低于市场交换关系中的交易成本，而所起到的作用超出了市场交换中价格体系所起的作用。这种价值网络在增加共同收益和降低边界成本方面的效果显著。通过以规范行为为目的的显性契约和以共享为目的的网络规范的共同作用，生产性服务企业和制造企业之间、各生产性服务企业之间所建立的耦合价值网络，在频繁交流、长期合作和信任增加的基础上，价值网络的协同效应得到发挥，产生系统的整合效益，也就是共同收益；同时，由于企业之间不断去除原来由于不信任而设置的种种边界障碍，积极寻找更为便捷和简约的企业间业务流程，使边界成本得到降低；在战略层面上的生产性服务外包，更多地采用结构嵌入的方式，寻找知识资本和人力资本发挥优势的关系组合或者结合点。除了同样能够获得专业化技术知识和规模优势所带来的成本降低和共同收益外，还能够为企业或企业网络的长远发展寻找方向和趋势。此外，处于长期信任合作中的企业，在外部环境的变化中，会得到更多的外部信息和异质性知识，能力的互补也会大大增强获得外部市场机会的能力，因此能够创造更多的潜在价值，实现组织的长远发展。

§3.3.2　多层次网络架构的形成

生产性服务价值网络是由许多战略经营单位模块化所构成的虚拟组织组成，从业务形态上说是具有模块化特征的服务组织共享互补资源的业务组合，同时具有市场的相对灵活性和科层的相对稳定性；从能力要素上说是以具有核心能力要素为主导的，强调专业分工和专业素养的能力要素组合。

生产性服务业价值网络具有四个层次：物质层、交易层、知识层和约束层。物质层是由服务流程所需要的实体要素所构成，如办公场所、服务场所和服务设施、服务网点的布局等，物质层的价值网络遵循规模经济和范畴经济逻辑；交易层价值网络是交易流程所需要的业务构成，由计划、招投标、发包与承包、任务执行与监督、工作程序等内容构成，交易层价值网络遵循信息经济逻辑；知识层价值网络是由创新和能力所驱动，创意、研发、品牌管理和组合创新是知识层价值网络的重要组成部分，知识成为价值网络中的核心元素，知识层价值网络遵循创新经济逻辑；约束层价值网络是对前面三个层次网络的约束和规范，这些约束由于服务的无形性和评价的主观性而显得尤为重要。约束层主要由品牌、信任、声誉、社会网络和交易契约所构成，约束层价值网络遵循社会资本逻辑。

由于行业的差异性较大，我们并不把物质层作为研究重点。这里主要从企业和产业治理的角度研究后三个层面的网络。

（1）交易层的服务外包网络。生产性服务外包网络包括金融服务外包网络、物流服务外包网络、技术服务外包网络和商务服务外包网络，这四种外包网络既具有生产性服务外包的共性，也具有各自的特性，同时各种外包还有可能交织在一起。生产性服务外包网络是价值网络的运营基础和价值实现的关键环节。

（2）知识层的创新网络。生产性服务创新网络包括知识网络和人才网络。知识是生产性服务的本质特征，知识网络是生产性服务的核心网络，知识网络与外包网络的联系应该成为生产性服务业价值网络研究的重点。如果将价值网络分为任务导向型和知识导向型，知识导向网络形成速度可能较慢，但容易形成创新集聚。另外，作为价值网络中唯一具有能动性的人，对于创新起到决定性的作用。因此，创新人才网络同样非常重要。

（3）约束层的规范网络。生产性服务业价值网络的规范网络包括社会网络和契约网络。契约网络在生产性服务交易网络中的作用明显，而社会网络在生产性服务知识网络中非常重要。契约网络和社会网络的有机结合是构建高效的生产性服务业价值网络的基础和保障。徐礼伯，施建军认为在较高依赖程度上的互依平衡和基于信任的社会资本是建立网络联盟的基础[75]。而作为经济行为运行的框架和支撑，交易契约所起的作用也是不能被完全替代的。

因此，生产性服务业价值网络可以从组织网络、外包网络、社会网络和市场网络等多个视角进行分析与说明，并认为生产性服务价值网络是无边界的动态混合网络[76]。SVN 的形成过程如图 3－1 所示。

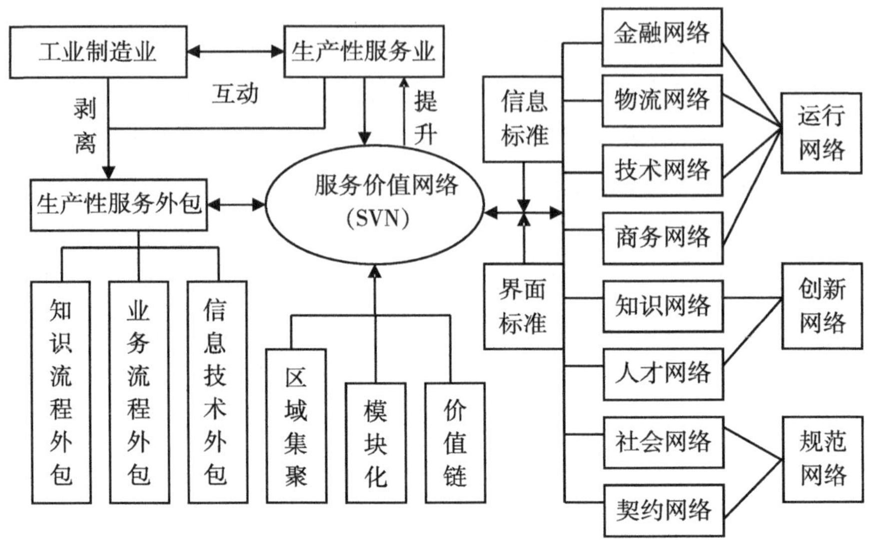

图 3－1　SVN 的形成过程

§3.4　SVN 的特性分析

§3.4.1　服务价值的共创性

价值创造是价值网络中关系的本质，价值共创关系是建立在价值网络中各经济主体的效用体系上的，这是一种彼此的效用相互得到满足的状态。如果企业合作创新不是建立在价值创造的基础上，将缺乏持久性和可靠性。构建价值网络从本质上说就是构建一种价值创造系统，不同的服务提供商，如金融服务提供者、第三方物流、会展企业、管理信息外包商、各种咨询服务和商务服务的提供者等共同合作创造价值。价值网络的本质就是在客户价值战略的引导下，系统性协同合作创造价值的体系。生产性服务企业在合作和竞争的驱使下，将各服务功能分解、再设计、整合以使服务成本降低或达成服务创新，以系统性和整体性的方法创造价值。在生产性服务业价值网络中，合作是创造价值的基础，只要通过合作，网络效益才能充分发挥出来；竞争是对剩余价值的分配，这种分配是基于对价值创造的能力和贡献的。

§3.4.2　服务网络的可拓展性

生产性服务业价值网络的构建过程是形成服务模块，并达成模块之间的链接。这在内在素质上有利于形成创新，并在一定程度上保持价值网络的稳定性；而在外在规模上，有利于形成“产业集群便车”，实现企业的规模经济。由于服务接口的弹性和通用性。SVN 具有天然的开放性，能够容纳和对接其他价值网络，具有可拓展性。因此，生产性服务业价值网络不但可以依靠内源性发展，实现内需性增长，同时又由于其良好的可拓展性，容易与外部环境形成良好的互动关系，从而形成企业内外部的异质性知识和排他性知识，通过开放式创新获取超额利润。

§3.4.3　链接关系的多维性

价值模块的链接和服务流程优化是获取外部经济性关键步骤。生产性服务以客户需求为中心，将价值模块进行链接形成价值链。价值链是由一组价值模块按照一定的界面规则结合构成的“基因组”，界面规则根据外部环境和前期交易经验形成的。价值模块之间的链接采用结构性嵌入和关系性嵌入方式与已有价值系统进行结合。多样性的关系如物流、制造维修、客户关系管理、销售代理等基本服务活动以关系性嵌入价值链中，主要获取规模经济所带来的成本降低优势；而法律管理等专业咨询、人力资源、研发等支持服务以结构性嵌入价值链中，主要获取专业化知识所带来边际效用的递增优势。无论是关系性嵌入还是结构性嵌入，由于将市场交易的治理方式转化为关系治理方式，信息交流更加通畅，能够产生边界成本降低和新的价值增值。而结构性嵌入与关系性嵌入之间又存在联结，如服务外包与联盟创新（包括价值创造和组织创新）之间就具有关联性。

§3.4.4　价值网络的自我衍生性

在 SVN 中，分立出来的新企业和从外部植入的企业无须承担进入壁垒，也就是后进入者需要承担，而先进入者无须承担的成本。相反，后进入者可以享受先期进入者所建立的专业技术人才市场和其他基础设备设施，并且可以接受技术和知识的外溢。在这一点上与传统的制造业有着很大的不同，这就为SVN的自我衍生发展奠定了基础。在生产性服务业的自我衍生中，网络导向对构建产业和管理产业具有显著正影响，采用网络导向战略可以避免产生关系惰性。

§3.4.5 关系的强粘滞性

粘滞效应也称为锁定效应，是指客户放弃原有价值网络，转换为其他价值网络的客户需要付出较大的代价。由于服务产品属于“信任品”，信任关系已经建立，交易双方一般都非常珍惜，容易形成稳定的合作关系。生产性服务业价值网络这种强粘滞性对于强化专用性资产投资和智力投资都具有较强效果，从而形成价值网络向高附加值方向发展。

SVN是一种服务生态系统，是由一系列服务系统所构成的复杂松散耦合系统。一个服务系统是资源（包括人、知识、技术和信息等）的安排集合，目的是整合它自己的资源和其他服务系统的资源来共创价值。因此，这些服务系统又被称为“资源整合者”。在服务主导逻辑下，资源被区分为操纵性资源和被操纵性资源。操纵性资源（Operant Resource）是指那些操纵其他资源来创造利益的资源，如知识和技能。被操纵性资源（Operand Resource）是被操纵用来传递服务的资源，如商品、自然资源和货币等。虽然价值有时会通过被操纵性资源（商品）来传输，但是价值创造是通过服务系统之间的操纵性资源的互惠应用而产生的。因此，操纵性资源是竞争优势的根本性源泉。

§3.5 SVN的构成模型分析

§3.5.1 模型构成基础分析

现代服务业在发展过程中出现了业态交融的现象，如电子商务与物流、信息网络与金融、移动互联商务，以及物流金融等新的服务模式不断出现，传统服务产业边界不断被突破。业态的交叉融合使得专注于某一领域的服务企业必须借助于服务平台和价值网络才能真正实现价值创造和价值传递。在网络经济与服务经济背景下，现代服务业的模块化及服务模块的网络化构建逐步成为重要的战略问题。

服务模块化就是将服务业价值链中的每个价值创造环节依据模块化技术进行模块化分割与构建。服务模块化的本质是服务功能的标准化，并利用一定的技术进行优化组合以满足个性化的需求。服务模块化可以使复杂服务系统简单化，促进组织创新，提高组织经营管理效率[77]。这是因为服务企业在生产模块化和组织模块化过程中，单个模块化服务产品通过耦合或嵌入，能够提升服务效率和质量[78]。同时，服务模块化使得服务价值链拉长，使得服务产业变得充盈和丰厚，并引发服务企业进行跨行业的重组与兼并，从而带来价值链升级，并使服务产业集群得以形成和衍生[79]。目前，跨国服务公司正是通过实施全球模块化战略实现了更加高效地整合全球资源，增强全球竞争力和创新能力，并推动服务业进行国际转移[80]。在区域服务业的发展中，模块化SVN也逐步成为价值实现和创新的主要平台。

服务模块化能够有效解决服务的不确定性和服务质量感知的主观性所引起的服务质量控制困难问题。服务模块化充分利用模块化技术将连续的服务过程分解为离散事件的有机组合。这种分解是基于知识和能力的，是对服务过程进行详细解析，从而能够更加容易地发现服务质量出现问题的环节，从而改善服务质量。具体来说，在运营管理中，服务模块化的作用表现在三个方面：一是能够使服务企业减少服务的复杂程度和不确定性，提高管理效率；二是服务模块化能够使企业有能力应对变化的外部需求，降低经营风险。三是服务模块化特别有利于价值创造和管理创新。这一点可以通过模块功能提升和价值重构两个层次来分析，首先是服务系统中每个功能模块都是半自律的独立子系统，发挥着作为一个子系统的特定功能，在子系统内部可以进行创新以形成更好的服务性能，并且这种创新不会影响整个系统的整体运作；其次是当客户的需求发生大的变动时，传统的服务系统在外部拉动力的作用下进行模块解构，能够根据价值创造规律，重新分析价值创造的关键点和层次，分析本服务模块与其他模块的链接需求，重新设计和组合价值模块。

服务模块化逐步成为现代服务业的主要运作方式。基于模块化技术和强联结，SVN 能够综合多个企业达成升级服务的个性化定制和规模经济效益。通过构成要素分析解构 SVN，并分析网络结构的演化。升级服务的挖掘、个性化需求的动态识别、服务模块合成的智能生成以及网络结构的动态柔性构成了演化的主体。现代社会专业分工的细化为服务模块化提供了技术和物质基础，而服务的无形性和不可触摸性等不利于模块化的因素也逐步通过所附着的有形物质资源得到一定程度上的“物化”而改变。在服务业中，软件、金融等行业的服务模块化的成功运作已经得到业界肯定，而在其他服务领域，如物流、商务和高技术服务等领域，服务模块化的实践也在不断拓展之中。

与制造网络的松散耦合结构不同，模块化 SVN 之间的联结是一种开放式的强联结。模块化 SVN 是包含有形资源、无形资源和组织资源的有机集合体，加入 SVN 的目的是整合它自己的资源和其他服务组织的资源来共创客户价值，形成协同发展。为进行有效的服务整合，目前，服务企业之间常常建立战略联盟、战略服务外包或分包、企业高层相互兼职或者是连锁董事、服务技术联盟等企业关联，这些关联都是建立在社会网络的强联结基础上，而服务运营过程中的频繁交互也需要建立企业之间的强关联。从整个网络的产出来看，客户的升级服务也经常需要跨越组织边界，在服务企业之间的频繁互动中寻找实现客户价值最大化的策略。同时需要注意的是，这种强联结也并非是封闭的，随着时间的推移，符合条件的服务企业及服务模块会被不断吸收过来，而不符合要求的模块则被剔除出去。因此，模块化 SVN 中的强联结是开放的和动态的。

§3.5.2 模型构成分析

从以上的讨论可以看出，SVN 是柔性组织网络的一种，是在专门的信息技术支持下，通过较为稳定和并具有开放性的服务模块池，灵活提供给顾客满足个性化需求的升级服务。因此，模块化 SVN 的构成模型如图 3－2 所示。

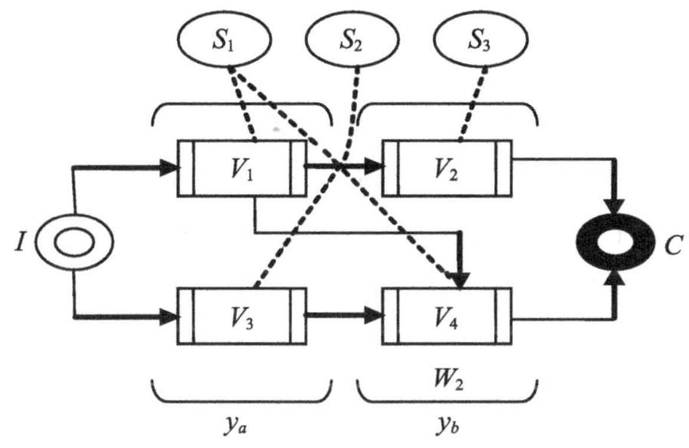

图 3－2　SVN 的构成模型

服务提供者 $S=(S_1, S_2, \cdots, S_N)$，表示在这个时点上，在此 SVN 中共拥有 N 个服务提供者；服务模块 $V=(V_1, V_2, \cdots, V_M)$，表示在这个时点上，在此 SVN 中拥有 M 个服务模块；服务的提供者所提供的服务模块用虚线表示，在本图中 S_1 拥有 V_1，V_4 服务模块，S_2 拥有 V_3 服务模块，S_3 拥有 V_2 服务模块；而这 M 个服务模块分布于在模块池组合 $Y=(y_a, y_b, \cdots)$ 之中，如 y_a 包含着 V_1，V_3，y_b 包含着 V_2，V_4，处于同一个模块池中的服务模块提供相同或者近似的服务功能，并拥有本 SVN 认可的标准服务接口界面。客户的个性化需求为 C，针对客户的每一项个性化需求，都会有一个服务集成者 I，这个集成者可以是核心服务模块的提供者，如 S_1，S_2，…，S_N，也可以是专门从事服务集成的其他综合服务供应商。

§3.5.3　构成模型的要素分析

模块化 SVN 作为一种商业创新模式，必须基于现代信息技术，注重客户价值和价值共创，其构成可以从以下 5 个方面进行分析。

1. **升级服务**

升级服务的提供一般经由价值网络中的若干环节[81]，并由其功能模块有机结合而成，一般具有较高的使用价值和效用。由 SVN 所提供的升级服务既能够满足服务提供者规模化经济和专业化效能的发挥，又能同时满足大规模客户个性化的服务需求。特别需要强调的是，这种升级服务是由许多结构复杂、功能选择较多的服务构件综合而成。由于升级服务的流程是多环节、多步骤的，需要多方面的精深专业知识。因此，它绝不是一个服务企业就能提供的，需要不同的服务企业通过顺序和并行程序才能达成，其价值也远远超过了单项服务的累加。

2. **标准化服务界面**

为了能够达到消费者效用的最大化，服务模块经常采用信息产业中常用的“即插即用”模块标准界面，也就是要进行服务模块化设计和界面的标准化设计。现代服务管理基于模块化理论，从提升服务质量和升级服务内容的角度，将复杂的服务系统进行模块化的评估和分割，利用服务的特定属性将服务系统划分为不同的服务模块，形成容易测量的服务单元和流程体系，将更有利于服务的操作、管理、控制和创新。

3. **具有稳定性、开放性、互补性和替代性的服务池**

服务企业提供商需要将服务模块在价值网络中进行登记，从而方便模块集成商和其他模块供应商查询，进而构成一个相对稳定的服务池。同时，这个服务池又是开放的，一项服务如果能够满足价值网络的最低要求，并满足模块化与界面要求，就可以加入此价值网络中。当然，服务企业价值网络也可以浏览并筛选满足要求的服务模块，主动要求此模块加入此价值网络中。在实践中，稳定意味着 SVN 拥有一系列基本服务模块及服务界面；开放意味着一项服务如果达到最低限度要求并具有合作意愿，就不应该被排除在网络之外；而互补性和替代性则形成了服务企业价值网络中基于合作的竞争机制，这是因为每个服务模块离开了价值网络，其生存价值便大幅度下降。因此在服务企业价值网络中，合作是第一位的，而提供同类服务模块的企业之间竞争能够在合作的基础上促进单位模块效益的提升。

4. 基于社会网络和市场的灵敏服务组合

市场灵敏性说明模块化 SVN 的构成部分具有快速响应客户和订单需求的能力。在接收到消费者需求时，服务企业价值网络能够利用企业家网络和组织网络所建立的信任关系，快速找到在此网络中达到客户需求的优化路径。这里的优化主要是指效率最大化。也就是说，最大化消费者和提供商的共同效用，只能通过市场治理和社会网络治理的共同协调才能达成。

5. 专有信息技术

升级服务的实现必须通过现代信息技术才能实现，模块化 SVN 强调效率，因此，必须实现服务模块在服务界面的即时对接，这必须充分利用现代信息技术才能达成。开发具有强大功能的专有信息技术和软硬件设备对于实现服务功能的即时对接和及时协调是必不可少的。

§3.6　SVN 的运行机制

生产性服务以人力资本和智力资本为主要投入品，本身并不向最终消费者提供独立的服务效用，具有中间性、增值性、知识性和关联性等特征。从整体上看，生产性服务业价值网络的运行机制包括但不限于动力机制、自组织机制、学习和创新机制及约束机制。

§3.6.1　SVN 的动力机制

生产性服务业价值网络运营的实质是通过外部化，在各企业的服务规模经济和专业化经济之间找到契合点与平衡点，通过价值链环节的外包达到规模化和专业化，从而实现价值增值和成本降低。由于环境的复杂性增加，各生产性服务业价值网络的节点专注于某个或某些服务模块，通过构建自己的服务竞争力来确保各自的市场地位。分工的深化能够导致报酬递增的程度增强，而生产性服务规模的扩大能够让其他企业的需求以比内部更低的价格从外部获得，从而使得其他企业同样能够专注于自己的核心业务。这样，外部化优势、规模经济和专业化经济就会形成良性循环，生产性服务的动力机制得以建立。生产性服务业价值网络动力机制发生作用的关键点是服务外包。而服务外包的发展是一个交互渐进的过程，一般会经历产生、发展和成熟三个阶段，相关各方不断交互融合，服务模块和其他经营模块之间在不断优化组合并寻找最佳的价值实现方式。

§3.6.2 SVN 的自组织机制

生产性服务由于人力资源和知识的强烈需求而向大中城市聚集，这种地理上的聚集容易促成关系上的接近性。随着生产性服务系统内部纵向和横向分工的深化，在生产性服务发展的高级阶段，内部相互需求代替制造业的需求成为最大需求，尤其是金融和商务流通等高级生产性服务，并不以制造业为中心，而是形成自我演化和进化的自组织系统。生产性服务的地理接近性和关系接近性在相互促进、共同演化中形成了生产性服务的生态体系。生产性服务业价值网络形成自组织体系的关键在于产业关联。在以制造业为核心的星形网络中，各个生产性服务企业围绕制造企业，相互之间并没有形成关联或者关联较少，这种价值网络一般处于初级阶段，并未形成自组织系统。随着分工的进一步发展，产业之间的关联不断加强，生产性服务企业之间形成合作与共生关系，企业内部和外部的模块采用网络治理的方式，网络成员对模块产生了协同和相互依赖的需求，相互之间的信息交流更加通畅，能够在一定程度上约束企业的不良冲动，减少败德行为。

§3.6.3 SVN 的学习与创新机制

知识密集是生产性服务最为重要的特征，知识在生产性服务中的作用不只表现在专业的深度，同时还表现在不同专业的交叉、协调和融合。由于生产性服务企业提供高度专业化和高智力附加值的服务，这种服务具有高度定制性和一定的空间可分性。因此，在生产性服务企业的运营中，重视知识在价值网络中的作用和双方之间的交互，建立学习和创新机制，可有效解决生产性服务的关键问题。与消费性需求快速变化的个性化需求不同，生产性服务在短期内具有相对的稳定性。但从长期看，最终消费需求的变化必然会影响到生产性服务，这种影响表现在两个方面。一是重大技术的改进和创新，二是组织模式和服务传递方式。具体来看，由于生产性服务所提供的诸如物流、金融等服务能够标准化并形成模块化，因此，这种创新一般是模块内部的技术创新与模块界面创新的结合。

§3.6.4　SVN 的约束机制

1. SVN 的约束构成

企业间的关系主要存在三种结构形式：权力科层结构、交易耦合结构和协同网络结构，这三种结构在规制方式、权力依赖、关系复杂性、关系重要性和关系变革中表现出极大的不同，而生产性服务企业间主要是专业之间的分工合作关系，各企业之间致力于互补和整合，属于协同网络结构。资源的互补性与以满足客户需求为中心的效用体系相结合能够形成企业知识和能力在价值网络中的快速传递和渗透，从而以最小成本和最快速度形成创新和创意产品和服务的商业化。

抑制网络中企业间合作的机会主义行为，是价值网络中提升分工合作水平，保持生产性服务业价值网络作为中间性组织特性竞争优势的关键。价值网络的稳定合作需要隐形契约和规范机制的共同约束，部分学者认为，建立针锋相对策略，以正式规范机制能够实现企业间的稳定合作。而有文献更加强调社会契约的作用，认为信用、声誉和被行业广泛接受的行为标准是价值网络的规范基础。建立企业的社会资本，使用合理惩罚、断绝往来、建立长期共同利益基础和培养共同的合作偏好对于构建价值网络的规范更加重要。

由于服务的无形性和评价标准的主观性，以信任为代表的社会资本在生产性服务过程中占据重要的位置，社会资本通过个人关系网络和组织关系网络来实现。企业之间所建立的社会资本能够促进生产性服务的发生和发展，组织之间信任程度的增加对生产性服务的运营具有重要的促进作用。同时，这种以信任为核心的社会资本还能规范企业行为，使其提供的服务达到社会规范的要求。当然，生产性服务企业之间的正式契约是必不可少的。契约规定了契约相关者的权利和义务，是保护和规范企业行为的最低保障。然而，与传统契约不同的是，生产性服务业价值网络中在契约的遵守方面，更多地依靠网络规范，即信任、声誉、共同文化和限制性进入，而不是法律条款。

2. SVN 的约束运行

由于生产性服务企业之间的关系不一定建立在产权关联的基础上，所以它们依靠以法律为基础的显性契约和以信任为基础的网络规范的共同作用来实现。显性契约提供企业间关系运作的基础和行为底线，是外包关系最基本的保障；而随着生产性服务外包关系的发展，信任机制和声誉机制等所形成的网络规范成为重要的运作机制，基于共同的或者是相互理解的企业目标、价值取向、组织文化和行为模式是生产性服务外包合作关系的重要调和因素。

生产性服务与工业制造及生产性服务内部的互动所构成复杂的价值网络通过限制性进入不断确认和加强它们之间的合作和信任关系。限制性进入是对生产性服务中交易伙伴数量的限制，它通过地位最大化和关系契约来实现。国外的实证研究也表明，某一优势企业在和其他企业交往中往往会避开和地位低下的企业进行交易，其结果是合作只在具有相当地位的伙伴之间进行。这种限制性机制可以提升服务外包合作的安全性，增强价值网络内部的关系强度和信任程度，预防机会主义行为的发生。

§3.7 本章小结

生产性服务业的管理系统具有复杂性，为了同时满足目标市场客户中个性化和多样化需求，必须构建基于多种专业知识的多层次、多维度的 SVN，作为知识和资源交流、价值共创和新服务概念产生实现的平台。SVN 系统具有价值共创性、网络可拓展性、关系多维性、网络的自我衍生性和关系的强粘滞性等显著特征。其表现是具有稳定性、开放性、互补性和替代性的服务池。

第4章　SVN的价值主导因素分析及价值分配模型分析

全球知识经济和服务经济的到来，使得直接应用产品供应链理论及分配模型解释服务业及制造业服务化的许多经济现象时并不完全适用。在消费需求日趋多元化、个性化和顾客对服务体验不断上升的条件下，现代生产性服务企业应如何去探索新的市场机会、开发新的服务产品、创新服务和产品的传递方式，是一个管理者必须要面对的问题。服务企业必须把价值创造和价值收益作为企业运作的核心。服务由于其无形性、不可存储性及顾客交互性而在价值创造中表现出与传统产品的较大差距。这类问题利用产品供应链的逻辑和理论既难以描述又难以解决。以服务为主导的逻辑在对产品供应链提出挑战的同时，也在不断探索着自身的组织方式和逻辑架构[82]，为这些问题的解决提供了新的思路和视角。目前，服务主导逻辑正逐步替代传统的产品主导逻辑成为企业运行的核心理念，SVN逐步成为生产性服务企业的运营平台。本部分从本质内涵、宗旨目的和组织结构等方面讨论服务企业的核心逻辑的转变，并探讨在SVN的具体组织中的利益分配问题，设计了补偿—激励的两阶段利益分配模型，这种核心逻辑和利益分配方式能够促进根本性服务协同和服务价值创造能力的提升。

§4.1　从产品主导逻辑到服务主导逻辑的转变

随着服务经济和知识经济的到来，服务主导逻辑的产生有其必然性。这是由服务的特性所决定的，也就是说，服务是直接作用于客体的，是为其他组织或个人而做的努力。因此，服务是依据提供者的知识、经验和能力，对客户（个人、组织或者企业）需求所做出的互动反应。服务和产品的最终目的都是为客户带来某些方面的满足，只不过服务主导逻辑比产品主导逻辑更加注重客户个性化和片段化的需求[83]，因此能够带来更大的客户满意度。服务主导逻辑与产品主导逻辑的区别，主要表现在以下 7 个方面的转变。

§4.1.1 关注焦点的转变

关注焦点从产品制造到服务流程的转变。当一个企业将自己视为生产商时，其首要职能就是卖出更多的产品，因此，其关注点在于产品制造，容易忽视一些客户实际重视的方面，如产品可达性、用户体验等。而服务主导逻辑将产品视为服务的载体，是一种供给传导机制。因此，客户的购买，在本质上是一种解决方案，这种方案更多的是服务而不是产品。服务主导逻辑能够帮助企业理解最终客户需求，从而确定服务与产品的最优结构，以及能够确定提供产品或服务的恰当方式与流程。

§4.1.2 客户价值的转变

客户价值从实体要素向非实体要素转变。服务还是商品的区别从客户认知的角度可以区别为感知还是触摸。产品主导逻辑强调可触摸性，即强调产品的功能性品质，如产品质量、耐用性等；而服务主导逻辑则更强调一些不可触摸但能够被感知的特性，如产品的便利性、节省时间和心理影响因素等。产品主导逻辑中的可触摸性强调的是与成本直接相关的因素；而服务主导逻辑所强调的可感知性主要是非价格因素，与成本关联并不是很大，有些并不需要增加成本，有些只是增加较少的成本，却获取较高的客户满意度。

§4.1.3 关键资源要素的转变

关键资源要素从静态非支配资源向动态支配性资源转变。非支配性资源是指一些实物资源，它们只能通过某些人才能发挥其功效的资源，如土地、机器设备、资金等。在产品主导逻辑中，这些非支配性资源是重点强调的资源；而支配性资源则是指人们所掌握的动态能力，如知识、经验、技巧和创造性等，在服务主导逻辑中，支配性资源是首要关注要素[84]。现代企业所需要的持续性竞争优势的获取是通过不断加强支配性资源来获取的。

§4.1.4　竞争优势来源的转变

竞争优势的来源是从不对称信息到对称信息转变。在产品主导逻辑中，企业强调非对称性信息的保护与利用，供应商和客户因为有非对称性信息的存在，会产生大量机会主义行为与逆向选择问题，也存在供应链管理中的牛鞭效应。为此，经济学家设计了大量规避这种行为的制度，但仍不能阻止这些行为发生；而在服务主导逻辑中，由于企业在频繁交互中获取一种关键社会资本——信任，而这种社会资本的普遍存在，使得企业间交换成本大大降低，从而通过信任实现信息共享。这种信息共享表现在，服务企业并不误导顾客、员工和合作企业，而是分享相关信息，使得利益相关者能够做出更好的选择。这样做的原因在于：其一，生产性服务企业与合作伙伴或者消费者交互频繁，如果服务企业保密信息，合作伙伴或者消费者也能够在一定时间后知情，产生对服务企业的不信任，从而将服务企业排除在自己的服务供应商之外；其二，生产性服务企业及合作者与顾客都能从对称信息中获取价值创造能力的提升，这种价值创造能力提升要比静态资源更加珍贵。

§4.1.5　营销方式的转变

营销方式上是由市场营销到互动营销转变。在产品主导逻辑中，无论是推销、市场营销还是社会营销，其最终目的是实现产品的市场交换价值，实现产品所有权转移。这种营销往往有专门的营销人员，以各种技巧促进交换价值的产生。在服务主导逻辑中，并不强调产品的所有权转移，有时候甚至交互双方并未意识到所有权问题，而是更注重使用价值，注重产品和服务的实际效果。因此，服务营销发生在双方交互的各个层次，从最高管理层到一线操作员都在进行营销。互动营销关注沟通频率和深度，关注彼此的信任程度和合作期限。

§4.1.6 企业目标的转变

企业目标是从企业利润或价值最大化到网络价值最大化转变。在产品主导逻辑中，企业关注的是市场交换的成功与否，关注的是交换价值，因此经常以利润最大化为经营目的。而在服务主导逻辑中，在服务开始前，服务企业只能提供价值主张，只有在与客户的交互中，价值才能实现。也就是说，现代服务企业运用自己的价值创造能力，通过系列活动和流程安排，形成对客户的收益，获取本组织设定的各种目标。服务企业以价值最大化为其经营目标，这种价值最大化是指客户与自身共同价值最大化。这种价值是使用价值，也就是服务的最终效用。

§4.1.7 客户视角的转变

客户视角从价值毁灭者到价值共创者转变。在产品主导逻辑中，一项产品，从最初原材料到半成品，直到最终形成产品，被认为是价值不断增加的过程，到达消费者手里时，价值达到最大化。在消费者的使用过程中，产品价值在不断损耗，到产品报废时认为价值趋向于零。而在服务主导逻辑中，认为消费者购买服务或产品的最终目的是获取该项服务或者产品的使用价值。因此，只有通过顾客恰当地使用，服务和产品的价值才能实现。因此，最终顾客被视为价值共创者而不是价值毁灭者。服务主导逻辑与产品主导逻辑的区别如表 4 –1 所示。

表 4 –1　服务主导逻辑与产品主导逻辑的区别

	产品主导逻辑	服务主导逻辑
关注核心	产品或服务本身	客户价值创造
提供物关键特征	可触摸品质	可感知品质
关键资源	对象性资源	支配性资源
信息	多数领域内不对称信息	绝大多数领域信息共享

续表

	产品主导逻辑	服务主导逻辑
营销	市场营销	互动营销
投资观点	企业利润或价值最大化	网络价值与创造能力最大化
客户	价值使用者、毁灭者	价值共创者

§4.2　价值分配主导要素的迁移

产品主导逻辑是产品价值链的逻辑核心，而服务主导逻辑是 SVN 的逻辑核心。因此，SVN 也表现出与产品价值链的明显差异。从前面的分析可以看到，服务主导逻辑更加关注生产者、消费者、供应商及其他价值网络成员，这些成员通过服务模块化和 SVN 的互动协作共同创造价值，非常适应服务与产品的大规模提供与客户消费的个性化环境。SVN 的运作离不开合理的价值分配机制，而要确定合理的价值分配机制，必须首先确定价值创造的主导因素和网络系统的运营本质。具体说来，SVN 的价值主导要素可以从“服务”“价值”“网络”，以及所涉及的管理范围等方面来考察[85]。

§4.2.1　主导价值要素的根源——知识

SVN 用能力和创新来替代产品价值网络中的物质资源和信息作为价值创造的主要来源。产品供应链强调物质资源的开发和充分利用信息来达成供应链整体的利润最大化。由于在供应链中处处存在的不对称信息以及所产生的牛鞭效应等问题，产品供应链强调通过信息共享来改善生产流程，并设计了很多制度规则来实现信息共享。但是由于企业价值依据的是市场交换是否成功，因此在供需上所共享的信息仅限于产品基本信息，像创意和创新等内容则不太可能共享；SVN 则强调知识创造和联合创新[86]，认为服务产品是知识的创新和凝聚，需要掌控各种核心能力、具备不同知识和技能的组织共同开发、运作才能提供。因此，SVN 不仅仅注重信息共享，而且更加注重知识和能力的共享、传承和联合创新。

§4.2.2　主导价值要素的结构——网络

SVN 用立体网络结构来替代供应链中的链条结构。产品供应链是由供应商、制造企业、渠道商和顾客组成的线性垂直结构，是在不同企业之间的纵向一体化；而 SVN 不仅包括垂直的纵向网络，也包括水平的横向网络（如为其提供智力支持的研究机构、大学等），同样包括由政府、工会和行业协会等机构所组成的政策网络，甚至包括由竞争者所组成的竞争网络，是纵向网络、横向网络、政策网络和竞争网络的交叉和重叠。当然，在一次创造活动中，并不是所有网络个体都处于活跃状态，而是根据最终客户或者是中间需求的激发，在 SVN 中寻找合规和合适的节点进行组合优化。

§4.2.3　主导价值要素实现途径——服务

SVN 用服务来替代产品供应链中的产品。产品供应链是以实物产品为核心来探索供应链的结构与运作的，强调原材料、半成品或产成品的协调配合，对于服务则定位为产品的补充，认为服务是围绕产品功能展开而进行的活动，处于从属地位；而 SVN 则强调服务的重要性，认为顾客所得到的效用主要是来自服务而不是产品，将产品视为服务的容器和通道，是实现服务传递的工具和途径。

§4.2.4　主导价值要素的涉及范围——跨域

产品供应链强调产品的功能性品质，如产品质量、耐用性、配送及时性等，这些因素往往与价格要素相关，主要集中在经济管理领域；而 SVN 更强调一些不可触摸的特性，如文化背景、客户体验、服务感受等心理影响因素等特性，非常强调不便于定价因素的影响，将研究的视角扩大到社会、心理和审美等众多领域。SVN 的研究不仅包括经济学、管理学的范畴，同时也包括社会学、心理学和生态学等学科，是一些交叉学科综合发展的结果。

§4.3　SVN 的利益分享机制模型

SVN 在参与主体、主导逻辑、价值判断、组织结构、关注核心要素和涉及相关学科等方面都不同于传统的产品供应链。合理的价值分配或者是利益分享机制是 SVN 运营和发展的前提，这里对利益分享机制进行探讨。

§4.3.1　问题描述

SVN 利益分享机制应该考虑如下因素：最终客户价值及客户购买意愿；生产性服务企业的专业技能；服务市场的性质和成熟度；生产性服务企业管理者和员工素质、时间和努力；生产性服务企业所有者的战略导向；所提供服务的客户获得性；生产性服务企业所使用设施设备的状况和效能；为适应 SVN，生产性服务企业所做出的改造措施和改造成本；生产性服务企业的品牌等声誉等无形资产；生产性服务企业的知识储备和专业技能深度；生产性服务企业的合作能力和协作技能等。总体来说，这些要素可以分为两大类，一类是可以直接进行量化的因素，如服务设施设备、所用物资和改造成本、管理、技术和一线服务人员工资费用等；另一类是无法直接进行量化的因素，如生产性服务企业知识储备和专业深度、品牌声誉和合作技能及积极性等。

SVN 最终产生的价值分配效果如何，应从补偿—激励效果上去分析，也就是先计算补偿所花费的成本费用，然后按照所提供资源和能力的关键性程度以及生产性服务企业在网络中的重要程度进行激励分配。

§4.3.2　利益分享模型

1. **模型假设**

（1）设整个 SVN 在一定时间内所获取的总体价值总额为 π；

（2）在一定时间内，设 SVN 所有的服务投入资源要素组成的集合为 M，$M=\{1, 2, \cdots, j, \cdots, m\}$；

（3）设参与某一项目的所有生产性服务企业的集合为 N，$N=\{1, 2, \cdots, j, \cdots, n\}$；

（4）设 SVN 所提供的第 j 类资源要素的数量为 x_j，其单位成本为 c_j，单位重构成本为 ξ_j，$j=1, 2, \cdots, m$；

（5）设资源要素对最终客户的价值创造的贡献度为 θ_j，$j=1, 2, \cdots, m$；

（6）SVN 所获得的全部价值在生产性服务企业之间被完全分配。

2. 分配步骤

步骤 1：某服务项目中，求各参与方投入的总成本之和。

$$C=\sum_{i=1}^{n}C_i=\sum_{i=1}^{n}\sum_{j=1}^{k}x_{ij}c_{ij}(i=1, 2, \cdots, n;\ j=1, 2, \cdots, k) \tag{4-1}$$

n 为参与项目的服务提供方总数；k 为可直接成本化的资源要素的种类；x_{ij}与 c_{ij}为参与服务提供方 i 所提供的第 j 类资源要素的数量和单位成本。

步骤 2：确定总体剩余价值的分配数量，也就是该时间段内 SVN 所获取的总体价值减去参与方的所投入的费用成本为

$$E=\pi-C \tag{4-2}$$

SVN 的总体价值首先应该对各方指出的成本费用进行补偿，收益不足应该按照投入比例进行补偿，如有剩余则根据各服务提供方的贡献度进行分配。

步骤 3：确定剩余价值的分配比例为

$$B=D\theta^T=(b_i)_{1\times n} \tag{4-3}$$

B 为所有服务模块提供商的剩余价值的分配向量，b_i 为服务提供商 i 的剩余价值分配比例，对 $B=b_1, b_2, \cdots, b_n$ 进行归一化处理

$$\delta=b_i/\sum_{i=1}^{n}b_i \tag{4-4}$$

得到 $\delta=\delta_1, \delta_2, \cdots, \delta_n$，$\delta$ 为服务模块提供商对于剩余价值的分配比例向量。

步骤 4：确定服务提供商 i 的剩余价值分配额

$$E_i=\delta_i E \tag{4-5}$$

$$R_i = C_i + E_i,\ i = 1,\ 2,\ \cdots,\ n \tag{4-6}$$

E_i 和 R_i 分别是服务模块提供商 i 所获得的剩余价值和整体价值。

步骤 5：确定服务提供商内部企业所有者、管理者和服务人员的价值分配。企业所有者搜集市场和技术信息，确定发展战略，在服务企业经营过程中，提供服务设备和消耗物质，其价值分配应该取决于上述要素的贡献。服务设备与物资消耗的重购成本是指在当时条件下，为获取相同设备和物资所需要支付的价格、流通成本和交易成本。主要以提供无形性服务为主的生产性服务企业，这类成本主要以设备折旧费的形式体现。

其设备与物质资源的成本如下：

$$C'_i = \sum_{j=1}^{k} x_{ij} c_{ij} \tag{4-7}$$

$j = 1,\ 2$，其中 $j = 1$ 为服务设备折旧，$j = 2$ 为物质资料消耗。

$$R'_i = C'_i + \frac{\theta_4}{\sum_{i=1}^{4} \theta_i} E_i \tag{4-8}$$

C'_i 和 R'_i 为服务企业者的服务支付成本和所获得价值的报酬。θ_4 为企业所有者根据获取信息所确定的战略导向价值。

服务企业的管理者和服务一线员工的主要贡献体现在他们的管理技能、专业知识和技能以及团结协作意识等方面。他们的价值分配是劳动补偿和价值激励两个部分。

$$C''_i + C'''_i = \sum_{p=1}^{l} \alpha_{ip} \tag{4-9}$$

$$R''_i + R'''_i = C''_i + C'''_i + \frac{\theta_1 + \theta_2 + \theta_3}{\sum_{i=1}^{4} \theta_i} E_i \tag{4-10}$$

$$R'''_{ip} = \alpha_{ip} + \beta_{ip} \frac{\theta_1 + \theta_2 + \theta_3}{\sum_{i=1}^{4} \theta_i} E_i \tag{4-11}$$

C''_i 与 C'''_i 是管理者与服务员工的总计时工资，θ_1 为管理技能价值，θ_2 为专业技能价值，θ_3 为协作意识和协作技能价值。α_{ip} 是管理者或者是一线服务人员的计时工资，R''_i 与 R'''_i 为管理者与服务员工所分配的价值，R'''_{ip} 为第 i 个服务企业内第 p 个管理者或者员工的所得到的价值分配，β_{ip}为服务企业对管理者或者服务员工的激励强度，一般来说，$0<\beta_{ip}<1$。

3. **资源要素的贡献度评价**

最终服务产品是所投入的各类资源综合作用的结果，任何资源都是不可替代的，作用都是独特的。只有这些价值适当发挥并相互配合，才能产生最终的客户满意和客户价值。资源要素的贡献度更多的时候是采用专家打分的方法进行主观评价，涉及多个服务企业进行协同服务时，这种贡献度度是协同博弈作用的结果。在本文中，采用的是较为客观的重购成本的概念来度量，重购的含义就是，假设在SVN中的服务提供商不能满足最终综合服务产品的要求，需要从市场中的其他渠道购买该要素所支付的成本或者是所遭受到的损失。

（1）基于信息的战略价值（$x_4\xi_4$）。

随着相关信息量的增加，企业制定适宜战略的可能性就会增强，企业战略适宜性的表现是能够培养出适应未来市场需求的价值创造能力。根据信息价值的计算公式，企业战略价值为

$$F=[P'S_P+(1-P')S_{1-P}]-[PS_P+(1-P)S_{1-P}] \quad (4-12)$$

其中，P与$1-P$是未获取有效信息时高效战略与低效战略的概率，P'与$1-P'$是获取有效信息时高效战略与低效战略的概率。S_P与S_{1-P}是高效战略与低效战略的收益。

（2）专业知识价值（$x_1\xi_1$）、管理技能和操作技能价值（$x_2\xi_2$）。

SVN中各个节点企业要提供良好的服务模块需要满足其需求的专业知识、管理技能和熟练的操作技能和技巧，这些专业知识、管理技能和操作技能的贡献，采用统一的模式来衡量，即

$$H=(P^*-P)S \quad (4-13)$$

其中，P^*是具有这项专业知识和技能时，综合服务产品能够顺利提供的概率，P是不具有这项专业知识和技能时，综合服务产品能够提供的概率。

（3）团结协作价值（$x_3\xi_3$）。

SVN中团结协作的产出是联合产出，也就是协同效应，当n个服务

提供商组成团队进行合作时，其价值可以这样确定。

$$y_i = k_i e_i + \varepsilon \tag{4-14}$$

$$G = \sum_{i=1}^{n} y_i - \sum_{i=1}^{n} e_i = \sum_{i=1}^{4} (k_i - 1) e_i + \varepsilon \tag{4-15}$$

其中：y_i 为第 i 个企业的合作产出函数，e_i 为其努力水平，k_i 是其协同系数，$k_i \leqslant 1$ 表示不存在协同效应，甚至存在成员之间的搭便车效应。$k_i > 1$ 表示存在协同效应，并且数值越大，协同效应越强。ε 表示所处外部环境的不确定性因素。

本书首先假设服务活动只需提供两种资源 x_1 和 x_2，其市场价格分别为 ω_1 和 ω_2，其价值创造是由自身收益和协作收益两部分构成，自身收益分别为 π_1 和 π_2，协作收益为 π，在协同收益中两种资源 x_1 和 x_2 所占的份额分别是 θ 和 $1-\theta$，则有

$$\pi_1 = \omega_1 x_1 + \theta\pi \tag{4-16}$$

$$\pi_2 = \omega_2 x_2 + (1-\theta)\pi \tag{4-17}$$

假如 x_1 不与 x_2 合作，而选择在市场上重新购买，那么可以获取全部收益，但是要付出重购成本 ξ_1 和 ξ_2，考虑重购后的收益为 π'_1 和 π'_2，则需满足以下条件：

$$\pi'_1 = \omega_1 x_1 + \pi - x_2\xi_2 \tag{4-18}$$

$$\pi'_2 = \omega_2 x_2 + \pi - x_1\xi_1 \tag{4-19}$$

根据Nash均衡的讨价还价解，双方在对称的情况下，合作收益分配满足以下条件[87]：

$$\theta = \arg\max\left[(\pi_1 - \pi'_1)^{1/2}(\pi_2 - \pi'_2)^{1/2}\right] \tag{4-20}$$

其中，$\left[(\pi_1 - \pi'_1)^{1/2}(\pi_2 - \pi'_2)^{1/2}\right]$ 为Nash乘积，其定义为

$$\log\Delta U = \frac{1}{2}\log(\pi_1 - \pi'_1) + \frac{1}{2}(\pi_2 - \pi'_2) \tag{4-21}$$

将式（4-21）转化为对数形式，有 $\theta = \arg\max(\log\Delta U)$

将其代入，得到

$$\log\Delta U = \frac{1}{2}\log\left[x_2\xi_2 - (1-\theta)\pi\right] + \frac{1}{2}\log(x_1\xi_1 - \theta\pi) \tag{4-22}$$

在式（4-22）中对 θ 求导并令其为0，

$$2\frac{\partial u}{\partial\theta}=\frac{\pi}{[x_2\xi_2-(1-\theta)\pi]}-\frac{\pi}{(x_1\xi_1-\theta\pi)}=0 \tag{4-23}$$

可得

$$\theta=\frac{1}{2}+\frac{1}{2}\frac{x_1\xi_1-x_2\xi_2}{\pi} \tag{4-24}$$

扩展到 m 个资源要素时，可将所要求的这类资源看作一类，其余要素视为一类，从而可得第 i 类要素的贡献度为

$$\theta_i=\frac{1}{2}+\frac{1}{2}\frac{x_i\xi_i-\sum_{k\neq1}^{m}x_k\xi_k}{\pi} \tag{4-25}$$

确定 n 个服务提供方对 m 类资源的数量矩阵 $D=(\varphi_{ij})_{n\times m}$，$i=1, 2, \cdots, n$，$j=1, 2, \cdots, m$，$\varphi_{ij}$为针对某个特定服务项目，服务提供商 i 对资源 j 的贡献数量所进行的归一化处理结果，因此，有$\sum_{i=1}^{n}\varphi_{ij}=1$，$0\leqslant\varphi_{ij}\leqslant1$。在实际中，可以采用两两比较矩阵获得该数据。

§4.3.3 算例分析

假定有 4 个生产性服务企业 SC_i（$i=1, 2, 3, 4$）共同合作为某制造企业提供综合服务，按照合同规定，如果合同圆满完成，最终可以获得总报酬 2000 万元。各方所投入的可直接成本化资源及成本支出如表 4－2所示。

表 4－2　SVN 参与企业所投入的资源及成本支出（单位：万元）

资源要素	SC_1	SC_2	SC_3	SC_4	合计
物质消耗	12	34	84	36	166
设备折旧	32	67	59	54	212
人员工资	21	52	105	58	236
其他支出	37	49	88	68	242
费用合计	102	202	336	216	856

扣除以上成本支出，剩余的 1144 万元将根据各方对最终业绩的贡

献进行二次分配。投入要素的重购成本计算如表 4－3 所示。

表 4－3　投入要素的重购成本计算（单位：万元）

资源要素	参数	数值	重购成本
专业知识	$P^*/P/S$	0.95/0.6/1000	350
管理技能	$P^*/P/S$	0.85/0.65/1000	200
团结协作	$k_i/e_i/\varepsilon$	1.5，1.6，1.7，1.8/20，30，40，50/4	240
信息战略	$P/P'/S_P/S_{1-P}$	0.5/0.8/1400/1000	120

根据表 4－3 的计算结果，运用公式（4－25）可以得到该合作中各资源要素的重要度为：$\theta=\{0.44,\ 0.37,\ 0.39,\ 0.32\}$。

针对专业知识、管理技能、团结协作、信息战略四类无形资源，根据专家意见并与各参与企业协商，最终确定的企业自身重要度为

$$D=\begin{bmatrix}1/4 & 1/3 & 1/6 & 1/12\\ 1/3 & 5/12 & 1/3 & 1/4\\ 1/12 & 1/6 & 1/3 & 7/12\\ 1/3 & 1/12 & 1/6 & 1/12\end{bmatrix} \tag{4-26}$$

综合各参与方的重要度及所提供资源的关键度，得到各参与方对除掉直接成本的奖励性报酬的贡献度为

$$B=D\theta^T=\begin{bmatrix}1/4 & 1/3 & 1/6 & 1/12\\ 1/3 & 5/12 & 1/3 & 1/4\\ 1/12 & 1/6 & 1/3 & 7/12\\ 1/3 & 1/12 & 1/6 & 1/12\end{bmatrix}\begin{bmatrix}0.44\\ 0.37\\ 0.39\\ 0.32\end{bmatrix}=\begin{bmatrix}0.3250\\ 0.5108\\ 0.4150\\ 0.2692\end{bmatrix} \tag{4-27}$$

经过归一化处理后，可得各个参与方的奖励性报酬的分配比例为 $\delta=\{0.214,\ 0.336,\ 0.273,\ 0.177\}$，分配额度为 $E=\{244.6,\ 384.4,\ 312.3,\ 202.6\}$。加上直接成本最终的分配额度为 $E'=\{364.6,\ 586.4,\ 648.3,\ 418.6\}$。由于内部企业所有者、管理者和服务人员的分配方法所遵循的原理与外部一致，这里不再赘述。

§4.4 本章小结

本章首先详细分析了经济主导逻辑的转变，这种转变是从产品主导逻辑向服务主导逻辑的转变。由于这种转变，SVN 的价值主导要素在根源、结构、实现途径及范畴等方面都发生了根本改变。基于这种改变，本章设计了补偿—奖励的两阶段价值分配模型，并进行了算例分析。

第 5 章　SVN 的演化及可靠性分析

现代服务业的发展要依托信息技术为核心的集成技术，实行协同发展策略。SVN 演化最终要满足综合升级服务的市场需求。生产性服务企业在发展过程中，一般会形成两种策略，一是专注于某项专业服务能力的发展，二是构建模块化 SVN，形成服务平台。这两类服务企业又要形成协同发展策略。目前，我国生产性服务业发展已经起步，在部分领域内已经形成集聚形态和规模化发展。本章所讨论的服务平台战略，不但对于大型服务企业和地区现代服务业的协同发展提供策略，而且对于中小服务企业发展专业精深，也为具有市场竞争力的服务模块提供了思路。

§5.1　SVN 的演化分析

服务市场需求的个性化、片段化使得服务企业在越来越细分的客户市场中容易发生定位迁移。SVN 将原本存在的多个细分市场又重新整合起来，实现异质性需求在同一平台上得到满足和实现的目的，也使得个性化需求和片段化服务能够在同一平台得到系统解决。同质化的功能性服务也能够在 SVN 上进行不同服务设计组合，以及采用现代手段的服务传递模式。SVN 在演化过程中，借助于互联网、物联网等技术革新手段使得 SVN 的构建成本和运营成本大大降低。这种交易成本的降低，会刺激服务平台企业的产生。

§5.1.1 基于平台企业主导的SVN的整体架构

尽管在现实经济生活中，服务平台有多种表现形式。然而，服务平台作为“母体”企业，其结构一般采用“服务平台+服务模块”方式。平台企业在整个价值网络中处于核心和基础的位置，通常情况下，平台企业提供在交易结构中具有“基石”作用的基本功能，如提供交易的基础设施设备、提供供需双方的信息和诚信记录等。根据这种平台，大量技术、需求、组织、交易和创新就能够发生，或者这些企业行为的发生所需要的成本就会大大降低；如果没有这种平台，经济行为就失去了集体意义，也就没有协同的可能，变成了一盘散沙的盲目行动。服务模块企业是指依托服务平台，与服务平台具有功能互补性，同时其专业精深，相对独立。服务模块依托服务平台，能够降低其生产和交易成本，尤其是搜寻客户的成本，提高服务的精准性和及时性，提升价值创造能力和效益。相对于服务平台的基础性，服务模块处于外围和从属地位。然而这并不是说，其价值创造能力和盈利能力就比服务平台企业低。服务模块企业依据其专业能力、可塑性和可加性获取其竞争能力，并对于平台企业具有选择权利。

服务平台刻意建构的一种网络架构，这种网络架构使得依托平台的其他企业在降低交易成本的同时，提升其价值创造能力。由于平台设计的原则和激励措施，使得服务平台成为引发相应服务机构集聚发展的“母体”。服务平台的运营方式，改变了传统供应链“上下游”的产品和服务供应与需求的垂直运营方式，作为水平平台战略性嵌入服务业、制造业和其他产业之中，进而改变市场上原有服务交易网络的结果。服务平台在产业网络拓展和演进过程中保持关键特征的相对稳定，其获利方式是平台服务费。

§5.1.2 基于平台企业主导的SVN的多层次交易关系

平台企业所提供的三类服务：一是向服务企业提供基础服务设施设备、市场需求信息和基础性的管理支持，这些服务能够在一定程度上降低服务成本，提高服务效率；二是向制造企业提供服务企业的核心能力、服务质量和企业既往诚信水平等相关信息，这些信息能够降低制造企业的服务搜寻成本，增加服务外包的信心；三是向所涉及的 SVN 成员提供平台运行规则、服务传递方式、交易界面和纠纷解决方案，这些服务为平台的整体平稳运营提供支持，同时降低了网络成员的网络运行成本。

因此，与服务平台 + 服务模块的网络结构相契合，SVN 中的成员交易合作关系可以分为两个层次三个类别，一是平台企业与网络成员之间的交易合作关系，二是网络成员中服务企业与制造企业之间的交易合作关系，三是服务企业之间的交易合作关系。这其中平台企业与网络成员之间的合作是“一对多”的关系模式，是平台与模块之间的跨层次合作；而模块企业之间的合作，由于有了平台信息、规则和界面的促进，其交易合作中也减少了不确定性，降低了交易成本，增大了交易合作的成功率。SVN 的服务平台企业嵌入如图 5 - 1 所示。

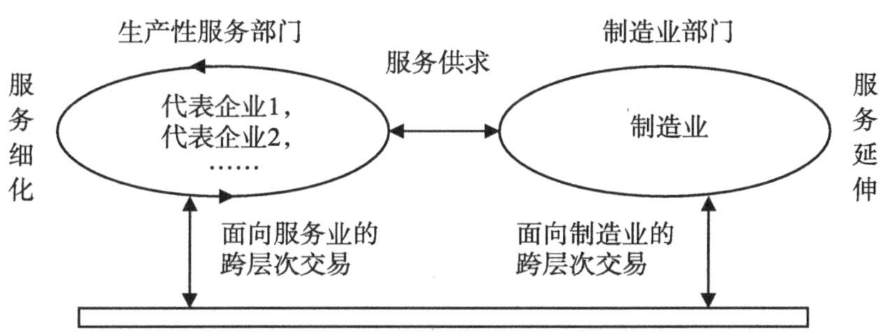

图 5 - 1　SVN 的服务平台企业嵌入

§5.2　平台企业对于 SVN 的优化

§5.2.1　交易成本的持续下降

平台企业借助于互联网技术，特别是移动互联和万物联网技术，形成了企业边界延展的可能性。企业之间、部门之间以及个人之间的信息传递与沟通的方式在当代均发生了深刻的改变。平台企业使得服务企业、消费者、商品和服务模块供应商等利益相关者可以按照平台运行规则进行市场交易活动。也就是说，平台的运行规则部分基本上取代了市场定价机制，在部分程度上代替了企业内部权威和市场定价功能。而平台规则是公开透明的，并且有助于网络整体利益的达成。这种平台规则促进了交易成本的显著下降，能够实现对更广泛的交易成本进行内化。具体来说，交易成本的下降表现在以下四个方面。

一是“服务平台 + 服务模块”的制度安排达成了动态稳定的价格谈判机制。合理的价格谈判机制是稳定的，稳定能够降低谈判成本，而这种稳定又必须是动态的，只有动态的稳定才能形成长期持久的，并对各方合作者是基于贡献的价值获取机制。譬如在企业内部的员工工资晋升机制，又譬如长期稳定合作的供应链上下游的结算机制等。“服务平台 + 服务模块”形成了价值共同创造的基本关系；二是契约的标准化。服务交易契约的制定需要耗费大量的人力物力，形成较多交易成本。在传统服务契约的签订中，所有参与企业必须签订两两契约，总体成本很高。由于服务平台是“一对多”的关系，平台的标准契约能够涵盖平台于企业在生产、经营和交易过程中基本范式，能够降低交易成本。即使是服务企业与制造企业之间以及服务企业之间的契约的制定和执行，因为有了平台企业这个第三方的监管和协助，也变得容易得多；三是长期契约对短期契约的替代。由于短期契约增加了签订契约的频率和数量，并增加了机会主义行为的可能性，使得契约签订和执行的交易成本都非常高，而平台企业使用平台规范对其进驻的服务企业进行引导和限制，平台规范是长期契约。服务企业不需要每次都将精力放在如何制订对自己有利的短期契约上；四是契约风险的控制。平台规则规定了参与各方的权利和责任，将可能遇到的风险以制度化内化到平台上，而平台则对风险进行统一严密的监管。避免了普通服务合同对权利义务界定不清产生的纠纷并诉诸法律所带来的高额成本。

§5.2.2　网络价值的不断提升

服务企业利润的方式，一方面要降低交易成本，但更重要的在于创造价值。传统服务企业的价值创造，是基于基本模块功能的服务价值、基于专业精深的价值增值和基于外部性的网络价值。其中前两种价值是服务经济时代竞争的价值创造的关键，这两种价值形式都是基于企业本身能力的。当服务经济与价值网络相结合，第三种价值——网络价值，则是服务平台企业独有的价值创造方式，也逐步成为平台企业主要的价值创造方式。

服务平台企业的网络价值来自相关利益群体的正的外部性。科斯利用负的外部性理论发展了交易费用理论，使得企业经营者开始关注降低外部交易成本的合作形式。而当消费者权利不断上升，其消费理念不断更新，消费呈现出多样化和片段化特征时，企业需要为异质性群体提供基于价值网络的整体系统解决方案。此时，网络价值的威力开始展现，平台企业利用网络价值实现关键价值创造能力。

首先，关系网络是平台企业的主体资产，也是影响平台存在性的关键因素。服务平台企业基于某种特有资产和能力，如特定地理位置、掌握某些特定客户群体、某种基于平台化的技术能力，将两类或者多类异质性群体聚合在一起，跨专业、跨领域重塑产业链和价值链，将原来以供应链网络为主体的垂直价值链整合成为以平台为载体的水平圈环网络。这种整合是平台企业的有意识行为，平台企业不断增强网络价值性，并将网络价值视为其主要价值来源。其次，服务平台企业将多个细分市场进行重整，将产品经济时代所产生的细分市场重新建构成为一个整合市场，在这个重整市场中，每个顾客或消费者能够快速找到自己的片段化和个性化需求。因此，这种为各类异质性需求提供满足方案的平台经济具有很强的独占性，其实质是为企业客户和消费者提供了方便的进入通道。最后，服务平台为各类企业和最终消费者提供了交互平台。没有平台的交互是点对点的交互，这里的点和点可能仅仅是销售环节与采购环节的交互。而服务平台提供了互动平台，使得客户企业和消费者能够在创意、设计、生产和销售环节都能够进行方便及时的交互，这也恰好呼应了服务营销的理念。

服务平台企业的价值创造能力最终体现在同边网络价值、双边或多边网络价值以及平台与模块之间的网络价值的实现。服务网络价值的中的企业，可以体现为两个或多个具有密切关系的异质性群体。网络价值也体现为同边网络价值或是双边（多边）网络价值，同边网络价值是一边利益群体的数量增加和互动增强，会引起同边利益群体的网络价值放大。如在SVN中，客户企业的集聚和互动增加能够增加共同服务需求的规模，产生规模效应，会带来服务成本的降低，给客户本身带来价值，这是客户企业之间正的网络外部性，即同边网络价值。另外是双边网络价值，即一边利益群体的增加会引发其他边利益群体的增加，并增加双方的互动价值。以生产性服务业集聚为例，生产性服务企业与工业制造企业之间的互动，能够产生服务细化和服务价值延伸，双方的良性互动会为双方都带来价值的增加。

因此，平台企业逐步将网络价值内部化。对于服务平台企业来说，寻求异质性解决方案，容纳更多的利益群体，降低企业互动的交易成本，激发网络价值，成为平台经济的生存核心。

§5.3 模块化服务对SVN的持续优化

在“服务平台+服务模块”方式中，基于技术的服务整合平台是模块化SVN构建基础，而基于服务提供商技术的服务能力则构成模块化SVN的管理核心。模块化服务企业通过信息平台在逻辑上将服务系统中各服务模块进行整合，并根据动态变化的个性化客户需求，提供动态的问题解决方案，选择合适的服务模块并进行优化组合服务流程。与传统服务模式中服务企业满足客户某方面功能不同，模块化SVN在不断突出服务的升级特征，以满足大规模客户的个性化需求。

从服务模块功能实现的角度来看，SVN动态演化包括升级服务需求的不断挖掘、个性化需求的动态识别、服务模块合成的智能生成，以及服务模块的动态柔性四个方面。

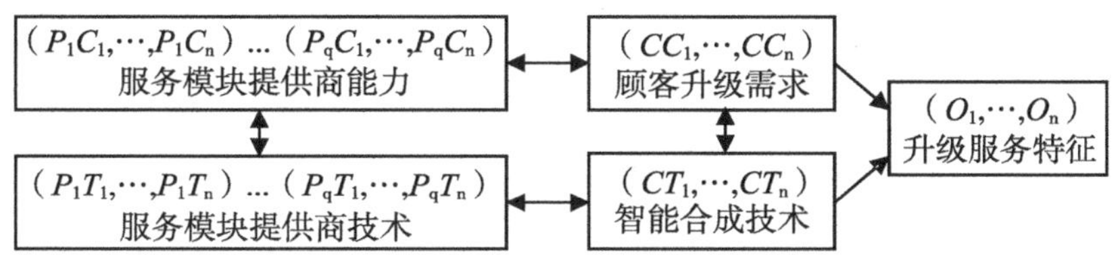

图 5－2　SVN 服务模块的持续优化

§5.3.1　升级服务需求的不断挖掘

目前，服务企业对于制造企业等外部企业所提出的功能性需求已经基本得到满足。随着同质性服务企业的不断增多，市场竞争不断加剧，这就促使服务企业运营与价格的透明化。因此，通过降低价格所提升的市场竞争力非常有限。服务企业必须通过自己精深的专业知识和综合运用各类专业知识的能力，挖掘市场中的潜在需求，为制造企业提供升级的、综合的、更加便利的和更加个性化的服务。因此，研究客户需求，挖掘客户隐性和半隐性需求（CC_1，…，CC_n），综合运用服务企业所提供的信息流、资金流、物流和知识流，设计客户便利的接口界面和对接模式，并努力培养客户的消费习惯和消费行为，是服务企业进行创新的根本和动力源泉，也是模块化 SVN 演化的根本动力。这种服务创新不是某一个单项服务的改善，而是一个系统创新与改变。因此，经常由大型服务企业引导。

§5.3.2　个性化需求的动态识别

现代服务系统的客户处于主导地位，也是 SVN 运行的驱动力量。客户的需求广泛而多变，表现出明显的动态变化性和片段性特征。这就是说，不同客户所需要的服务输出特征（O_1，…，O_n）不同，再加上在服务交互过程中客户能力不同，因此服务的个性差异很大，服务企业需要识别多层级、个性化的服务类别。服务企业组建价值网络是为了更好地满足客户的多样化需求，而满足需求的前提是服务需求准确的动态识别，这就构成了 SVN 动态演化结构的基础。总体来说，服务需求向着人性化的方向发展，不断挖掘客户中存在的隐形和半隐形需求能够起到引导价值网络发展趋势的作用。

§5.3.3 服务模块合成的智能生成

为满足客户不断变化的个性化需求，对于不同需求，服务企业所组建的价值网络要有能力快速有效地合成服务模块和个性化解决方案，并以此驱动组织系统中的服务模块和服务子系统。这就需要价值网络特定的动态合成和优化能力，从而需要服务平台技术（CT_1，…，CT_n）和不同服务提供商技术（P_1T_1，…，P_1T_n）…（P_qT_1，…，P_qT_n）的优化组合，这是升级服务达成的基础。例如在金融物流中，不仅仅需要基于各方协议的电子商务平台技术，同样需要信用保障技术、订单跟踪技术、货币支付技术和监管技术等，需要金融机构、物流企业和信息服务商等不同服务提供商的协同运作。服务平台和服务提供商的不同技术组合影响到每一个订单的效率和服务水平。服务合成需要借助现代信息技术形成智能化。

§5.3.4 服务模块的动态柔性

模块化 SVN 应该具有的灵活性和适应性，因此必须具有柔性结构，能够根据外部环境的变化进行变化和调整。而服务模块的顺畅衔接需要模块提供者之间具有较强的互动性，这就要求服务模块不但具有密切耦合的高度动态性，而且具有自然系统的自适应、自组织等特征。生产性服务企业的价值创造能力（P_1C_1，…，P_1C_n）…（P_qC_1，…，P_qC_n）成为 SVN 演化的主体要素，生产性服务企业和客户的能力提升使得网络结构和网络规范处于动态调整之中。

另外，由于基于平台的 SVN 所提供给客户企业的是一个系统性的解决方案，同时容纳多种产品和服务，平台企业所提供的服务网络价值除了服务平台和服务模块之外，往往还需要与补足品之间形成互补性的网络价值。服务平台企业单纯依靠服务模块，可能无法实现对碎片化需求的整合与满足，这时候补足品所提供的源源不断的补充，为系统解决方案提供了可能。因此，在服务平台企业主导的 SVN 中，平台企业、服务模块企业和补足品企业之间的良性互动，使得整个平台成为一个生态系统。

§5.4　复杂服务系统可靠性冗余问题

在 SVN 所构成的复杂系统设计中，通常采用冗余优化技术来提高复杂系统的可靠性，以降低系统的故障率[88]。对复杂服务系统可靠性冗余问题的优化可有效利用资源，提高系统的效率，使 SVN 系统在一定资源约束条件下，达到经济效益最大化的目的。复杂系统单元众多，其可靠度函数和约束函数具有非线性的特点，通常是非凸和不连续的，因此采用传统的方法对复杂服务系统可靠性冗余优化问题进行求解很难达到理想的效果[89,90]。

目前，求解复杂服务系统可靠性冗余问题主要有动态规划、启发式算法和智能优化算法等[91]。Emmanuel、Erik 和 Denis[92] 分析了异构并行复杂系统的性能和可靠性，探讨了异构系统可靠性的求解策略，并利用近似算法和启发式算法对异构并行复杂系统可靠性冗余问题进行了求解。David、William 和 NAMKeeLee[93] 提出了复杂服务系统可靠性冗余问题模型，并采用动态规划的方法对此模型进行求解，实验结果表明复杂系统可靠性冗余问题的计算复杂度随着约束条件的增加呈指数增长。高仁璟和刘书田[94] 利用遗传算法对复杂服务系统可靠度和冗余数分配问题进行了求解，并设计了复杂系统可靠度分配模型。R. Tavakkoli - Moghaddam、J. Safari 和 F. Sassani[95] 研究了具有冗余策略的串并联复杂系统，并根据复杂服务系统的特点建立了相应的可靠度模型，最后利用改进的遗传算法对该模型进行求解。Harish 和 Monica[96] 利用直觉模糊集和粒子群算法对复杂系统的可靠度进行了分析和求解，在仿真实验中可以将实验结果与传统方法进行对比。

萤火虫算法（Firefly algorithm，FA）是通过模拟自然界萤火虫求偶和觅食行为而产生的一种新兴仿生智能优化算法，具有通用性强、收敛速度快等特点，为解决复杂系统可靠性冗余问题提供了新的思路和方法。当前，萤火虫算法已经成功应用于函数优化[97]、物流生产[98]和电力控制等领域[99,100]，在复杂系统可靠性冗余优化问题中的应用还不多见。本节将量子理论融入萤火虫算法中，提出了一种解决复杂系统可靠性冗余优化问题的量子萤火虫算法，该算法利用量子计算中的量子位编码表示萤火虫个体，通过量子旋转门对萤火虫进行变异和位置更新操作，防止了算法过早陷入局部最优值，使算法的全局搜索能力和搜索效率得到提高。仿真实验表明，该算法是解决复杂系统可靠性冗余问题的一种有效方法。

§5.4.1　模型构建

复杂系统可靠性的优化设计应该在当前限定的条件下尽量使复杂系统的可靠度最大化。假设复杂系统由 N 个子系统组成，x_i 表示第 i 个子系统，则整个复杂系统可表示为 $X=\{x_1, x_2, \cdots, x_1, \cdots, x_N\}$；设第 i 个子系统 x_i 对应的冗余数为 p_i，则各子系统的冗余数集合可表示为 $P=\{p_1, p_2, \cdots, p_i, \cdots, p_N\}$；设第 i 个子系统 x_i 对应的实施方案为 q_i，则各子系统的实施方案集合可表示为 $Q=\{q_1, q_2, \cdots, q_1, \cdots, q_N\}$。因此，复杂系统可靠性的优化设计可以转化为寻找最优的冗余数 P 和实施方案 Q，以使子系统在费用函数和权重函数满足特定条件的情况下可靠度最大化。复杂系统服务可靠性冗余优化问题数学模型表示为

$$\mathrm{Max} f\left[R(x_1), R(x_2), \cdots, R(x_i), \cdots, R(x_N)\right] \tag{5-1}$$

$$s.t. \sum_{i=1}^{N} t_i(q_i)\, p_i \leqslant T_0 \tag{5-2}$$

$$\sum_{i=1}^{N} \eta_i(q_i)\, p_i \leqslant \eta_0 \tag{5-3}$$

其中，$t_i(q_i)$ 表示第 i 个子系统 x_i 对应的实施方案 q_i 的单位费用函数，T_0 表示整个复杂系统的最大投资费用，η_0 表示整个复杂系统的最大约束权重，$\eta_i(q_i)$ 表示第 i 个子系统 x_i 对应的实施方案 q_i 的单位权重函数，$R(x_i)$ 表示第 i 个子系统 x_i 的可靠度函数，$f[R(x_1), R$

(x_2)，…，$R(x_i)$，…，$R(x_N)$] 表示整个复杂系统的可靠度。根据子系统的体系结构可知，对于给定的 p_i 和 q_i，$R(x_i)$ 和 $f[R(x_1), R(x_2), \cdots, R(x_i), \cdots, R(x_N)]$ 可分别表示为

$$R(x_i) = 1 - [1 - R(q_i)]^{p_i} \tag{5-4}$$

$$f[R(x_1), R(x_2), \cdots, R(x_i), \cdots, R(x_N)]$$
$$= R(\theta)\max = R(p, q) = \prod_{i=1}^{N} R(x_i) = \prod_{i=1}^{N}\{1 - [1 - R(q_i)]^{p_i}\} \tag{5-5}$$

§5.4.2 基本萤火虫算法

基本萤火虫算法最初由学者 KRISHNANAND① 和学者 YANG Xin－she② 提出，他们提出的算法在具体实现方式上有一定的差异，但两者的基本原理是一样的，即都是利用萤火虫的发光机制进行寻优求解。在萤火虫算法中，个体被随机分布在解空间中，萤火虫总是朝着比自己荧光素高的个体进行移动，并以一定概率的形式在领域半径内进行交换和转移。

设 $Xi(t)$ 表示萤火虫 i 在 t 时刻的位置，若 n 只萤火虫组成的群体表示为 P_n^t，则 $P_n^t = \{X_1(t), X_2(t), \cdots, Xi(t), \cdots X_n(t)\}$。设每只萤火虫的位置由 d 维空间构成，萤火虫 i 的位置 $X_i(t)$ 表示为 $Xi(t) = \{x_{i1}(t), x_{i2}(t), \cdots, x_{id}(t)\}$。每只萤火虫自身都携带一定能量的荧光素 l_i，若 t 时刻萤火虫 i 的荧光素为 $l_i(t)$，则 $t+1$ 时刻萤火虫 i 的荧光素 $l_i(t+1)$ 可表示为

$$l_i(t+1) = (1-\rho)\, l_i(t) + \gamma \cdot f[X_i(t+1)] \tag{5-6}$$

式中，$f[X_i(t+1)]$ 表示萤火虫的适应度值，$\rho \in (0, 1)$ 表示萤火虫的荧光变化率，γ 表示萤火虫的适应度变化率。

在萤火虫算法中，萤火虫依靠荧光素的大小来吸引周围的萤火虫，

---

① 张凤杰，张立，陈继祥．生产性服务业集群化发展动因研究［J］．科技进步与对策，2008（12）：82－85.

② Noyelle T. J , T. M. Stanback. The Economic Transformation of American Cities［M］. Totawa, NJ: Rowman &Allanheld, 1984: 65.

在领域半径内，萤火虫 i 以概率 p_{ij} 向萤火虫 j 移动，概率 p_{ij} 的大小为

$$P_{ij}=\frac{l_j(t)-l_i(t)}{\sum_{k\in N_i(t)}[l_k(t)-l_i(t)]} \tag{5-7}$$

式中，$N_i(t)$ 表示领域半径内比个体 i 荧光素更高的萤火虫数目，$N_i(t)$ 表示为

$$N_i(t)=\{j:\|X_j(t)-X_i(t)\|<R_D^i(t);\ l_i(t)<l_j(t)\} \tag{5-8}$$

$r_D^i(t)$ 表示萤火虫 i 在时刻 t 的领域半径，萤火虫在领域半径内根据当前群体的实际情况进行位置更新，其位置更新方程和领域半径可分别表示为

$$X_i(t+1)=X_i(t)+w\cdot\left(\frac{X_j(t)-X_i(t)}{\|X_j(t)-X_i(t)\|}\right) \tag{5-9}$$

$$r_D^i(t+1)=\min\{r_s,\ \max[0,\ r_D^i(t)+\beta(n_t-N_i(t))]\} \tag{5-10}$$

式中 w 表示移动步长，$\|X_j(t)-X_i(t)\|$ 表示萤火虫 j 和萤火虫 i 之间的欧氏距离，r_s 表示萤火虫信号识别感知区，n_t 表示萤火虫数量控制阈值，β 表示控制系数。

§5.4.3 量子萤火虫算法

1. 编码方案

设每只萤火虫的位置由 d 维空间构成，n 只萤火虫组成的群体表示为 $P_n^t=\{X_1(t),X_2(t),\cdots,X_i(t),\cdots,X_n(t)\}$。利用量子位编码方式对萤火虫个体进行编码，令 $|X_i(t)>$ 单个萤火虫的量子空间位置，对应的量子位概率幅分别为 $|X_{ic}(t)>$ 和 $|X_{is}(t)>$，则 $|X_{ic}(t)>$ 和 $|X_{is}(t)>$ 可表示为

$$|X_{ic}(t)>=\cos\theta_{i1}(t)\quad \cos\theta_{i2}(t),\cdots,\cos\theta_{ij}(t),\cdots,\cos\theta_{id}(t) \tag{5-11}$$

$$|X_{is}(t)>=\sin\theta_{i1}(t)\quad \sin\theta_{i2}(t),\cdots,\sin\theta_{ij}(t),\cdots,\sin\theta_{id}(t) \tag{5-12}$$

由式（5-11）和式（5-12）可知，单个萤火虫的量子空间位置

$|X_i(t)>$ 可表示为

$$|X_i(t)>=\begin{bmatrix}|X_{ic}(t)>\\|X_{is}(t)>\end{bmatrix}$$

$$=\begin{bmatrix}\cos\theta_{i1}(t) & \cos\theta_{i2}(t),\ \cdots,\ \cos\theta_{ij}(t),\ \cdots,\ \cos\theta_{id}(t)\\ \sin\theta_{i1}(t) & \sin\theta_{i2}(t),\ \cdots,\ \sin\theta_{ij}(t),\ \cdots,\ \sin\theta_{id}(t)\end{bmatrix} \tag{5-13}$$

以上各式中，i 表示萤火虫的个数，j 表示萤火虫的位置空间维数；$i=1, 2, \cdots, n$；$j=1, 2, \cdots, d$；θ 为量子旋转门的转角，$\theta=2\pi\cdot rand()$；$rand()$ 是位于 0 和 1 之间的随机数。

2. 量子空间的转换

萤火虫量子空间的转换采用线性映射变换的方式进行，通过变换后，量子位概率幅将与函数变量的解空间建立起映射关系。由式（5－13）可知，$||X_{ic}(t)>|\leqslant 1$ 和 $||X_{is}(t)>|\leqslant 1$，即 $|X_{ic}(t)>\in[-1, 1]$，$|X_{is}(t)>\in[-1, 1]$。萤火虫 i 在第 j 维的量子空间位可表示为 $\begin{bmatrix}\cos\theta_{ij}(t)\\ \sin\theta_{ij}(t)\end{bmatrix}$，若函数变量的取值范围为 $[m, n]$，则通过线性映射变换后，$|X_{ic}(t)$ 和 $|X_{is}(t)>$ 在 $[m, n]$ 上可表示为

$$\frac{|X_{ic}(t)>-m}{cos\theta_{ij}-(-1)}=\frac{n-m}{2} \tag{5-14}$$

$$\frac{|X_{is}(t)>-m}{sin\theta_{ij}-(-1)}=\frac{n-m}{2} \tag{5-15}$$

由式（5－14）和式（5－15）可知：

$$|X_{ic}(t)>=m+\frac{n-m}{2}(cos\theta_{ij}+1) \tag{5-16}$$

$$|X_{is}(t)>=m+\frac{n-m}{2}(sin\theta_{ij}+1) \tag{5-17}$$

3. 量子旋转门及萤火虫变异操作

萤火虫在领域半径内进行寻优时，容易出现聚集现象。一旦聚集现象产生，萤火虫算法就会陷入局部最优值。为避免这种现象的发生，本文利用量子旋转门对萤火虫个体进行变异操作。

定义1　量子旋转门。设$\Delta\theta$表示量子旋转门的旋转角度，$U(\Delta\theta)$表示量子旋转门，$\begin{bmatrix}\alpha_i\\ \beta_i\end{bmatrix}$表示变异前的个体，$\begin{bmatrix}\alpha_i^*\\ \beta_i^*\end{bmatrix}$表示演化变异后的新个体，其中$|\alpha_i|^2+|\beta_i|^2=1$，$|\alpha_i^*|^2+|\beta_i^*|^2=1$。量子旋转门$U(\Delta\theta)$表示为

$$U(\Delta\theta)=\begin{bmatrix}\cos(\Delta\theta_i) & -\sin(\Delta\theta_i)\\ \sin(\Delta\theta_i) & \cos(\Delta\theta_i)\end{bmatrix} \tag{5-18}$$

由定义1可知，经过量子旋转门的变换之后，新个体$\begin{bmatrix}\alpha_i^*\\ \beta_i^*\end{bmatrix}$可表示为

$$\begin{bmatrix}\alpha_i^*\\ \beta_i^*\end{bmatrix}=U(\Delta\theta)\cdot\begin{bmatrix}\alpha_i\\ \beta_i\end{bmatrix}=\begin{bmatrix}\cos(\Delta\theta_i) & -\sin(\Delta\theta_i)\\ \sin(\Delta\theta_i) & \cos(\Delta\theta_i)\end{bmatrix}\cdot\begin{bmatrix}\alpha_i\\ \beta_i\end{bmatrix} \tag{5-19}$$

定理1　设$\begin{bmatrix}\alpha_b\\ \beta_b\end{bmatrix}$为萤火虫在量子空间中的最优个体，$\begin{bmatrix}\alpha_i\\ \beta_i\end{bmatrix}$为萤火虫当前在量子空间中的寻优个体，若$B=\begin{bmatrix}\alpha_b & \alpha_i\\ \beta_b & \beta_i\end{bmatrix}$，则量子旋转门旋转方向的规则为：

①若B等于0，则量子旋转门旋转方向为顺时针和逆时针两个方向；

②若B不等于0，则量子旋转门旋转方向$-\mathrm{sgn}(B)$。

证明：设最优个体$\begin{bmatrix}\alpha_b\\ \beta_b\end{bmatrix}$和当前的寻优个体$\begin{bmatrix}\alpha_i\\ \beta_i\end{bmatrix}$在量子空间中的旋转度分别为$\theta_b$和$\theta_i$，由$B=\begin{bmatrix}\alpha_b & \alpha_i\\ \beta_b & \beta_i\end{bmatrix}$可知：

$$B=\sin(\theta_i-\theta_b)$$

若B等于0，则$B=\sin(\theta_i-\theta_b)=0$，旋转门的转动角度$|\theta_i-\theta_b|$或$|\theta_i-\theta_b|=\pi$，此时量子旋转门向顺时针和逆时针旋转的效果

相同。

若 B 不等于 0，则 $B=\sin(\theta_i-\theta_b)\neq 0$，旋转门的转动角度为 $0<|\theta_i-\theta_b|<\pi$ 或 $\pi<|\theta_i-\theta_b|<2\pi$。

当 $0<|\theta_i-\theta_b|<\pi$ 时，$\mathrm{sgn}(\Delta\theta)=-\mathrm{sgn}(\theta_i-\theta_b)=-\mathrm{sgn}[\sin(\theta_i-\theta_b)]=-\mathrm{sgn}(B)$。

当 $\pi<|\theta_i-\theta_b|<2\pi$，

$\mathrm{sgn}(\Delta\theta)=\mathrm{sgn}(\theta_i-\theta_b)=-\mathrm{sgn}[\sin(\theta_i-\theta_b)]=-\mathrm{sgn}(B)$。

由此可知，若 B 不等于 0，量子旋转门旋转方向始终为 $-\mathrm{sgn}(B)$。证明完毕。

根据定义 1 和定理 1，结合式（5－13）和式（5－19）可以推出萤火虫变异过程如式（5－20）所示

$$\begin{bmatrix}\alpha_i^*\\ \beta_i^*\end{bmatrix}=\begin{bmatrix}\cos(\Delta\theta_i) & -\sin(\Delta\theta_i)\\ \sin(\Delta\theta_i) & \cos(\Delta\theta_i)\end{bmatrix}\cdot\begin{bmatrix}\alpha_i\\ \beta_i\end{bmatrix}$$

$$=\begin{bmatrix}0 & -1\\ 1 & 0\end{bmatrix}\cdot\begin{bmatrix}\alpha_i\\ \beta_i\end{bmatrix}=\begin{bmatrix}0 & -1\\ 1 & 0\end{bmatrix}\cdot\begin{bmatrix}\cos\theta_{ij}(t)\\ \sin\theta_{ij}(t)\end{bmatrix}=\begin{bmatrix}-\sin\theta_{ij}(t)\\ \cos\theta_{ij}(t)\end{bmatrix} \tag{5-20}$$

在 n 只萤火虫构成的群体中，以随机方式选出只萤火虫进行变异，则变异率为 $p=\dfrac{k}{n}$，经过式（5－20）变异之后，萤火虫对应的量子位概率幅为

$$|X_i(t)\geqslant p\cdot\begin{bmatrix}|X_{ic}(t)>\\ X_{is}(t)>\end{bmatrix}=\cos\theta_{ij}(t)|0>+\sin\theta_{ij}(t)|1> \tag{5-21}$$

由式（5－21）可知，量子态 $|0>$ 和量子态 $|1>$ 两种状态可以进行有效的转换，从而避免了萤火虫在领域半径内大面积聚集的现象，防止了算法过早陷入局部最优值。

4. **位置更新**

在量子萤火虫算法中，利用量子旋转门对萤火虫的位置进行更新。更新后的位置为

$$
\begin{aligned}
|X_i(t+1)> &= \begin{bmatrix} |X_{ic}(t+1)> \\ X_{is}(t+1)> \end{bmatrix} = U[\Delta\theta(t+1)] \cdot \begin{bmatrix} \cos[\theta_{ij}(t)] \\ \sin[\theta_{ij}(t)] \end{bmatrix} \\
&= \begin{Bmatrix} \cos[\theta_{ij}(t+1)] & -\sin[\Delta\theta_{ij}(t+1)] \\ \sin[\theta_{ij}(t+1)] & \cos[\Delta\theta_{ij}(t+1)] \end{Bmatrix} \cdot \begin{Bmatrix} \cos[\theta_{ij}(t)] \\ \sin[\theta_{ij}(t)] \end{Bmatrix} \\
&= \begin{Bmatrix} \cos[\theta_{ij}(t) + \Delta\theta_{ij}(t+1)] \\ \sin[\theta_{ij}(t) + \Delta\theta_{ij}(t+1)] \end{Bmatrix}
\end{aligned} \tag{5-22}
$$

萤火虫在量子空间进行移动时，随着量子旋转门 U（$\Delta\theta$（$t+1$））的变化，对应的量子位概率幅 $|X_{ic}(t)>$ 和 $|X_{is}(t)>$ 不断发生变化，在萤火虫群体规模保持不变的情况下，采用量子位实数编码和量子旋转门的方式可以放大萤火虫的寻优空间，同时使算法的全局搜索能力和搜索效率得到提高。

5. 实现流程

量子萤火虫算法的实现流程如下所示：

（1）初始化。利用式（5－11）、式（5－12）随机产生萤火虫的量子位概率幅 $|X_{ic}(t)$ 和 $|X_{is}(t)>$，利用式（5－13）随机生成萤火虫群体，其中萤火虫量子位的数目为 n。

（2）更新萤火虫的量子位概率幅。采用线性映射变换的方式对萤火虫的解空间进行变换，利用式（5－16）和式（5－17）将取值范围为［m，n］的函数变量映射到量子空间，分别更新每只萤火虫对应的量子位概率幅，找出萤火虫群体中的精英个体。

（3）终止条件的判定。判定算法是否达到要求，如果是，则转向式（5－8），否则转向式（5－4）。

（4）萤火虫位置的更新。利用式（5－6）、式（5－7）和式（5－10）对领域半径内的萤火虫进行跟踪，然后采用量子旋转门转动的方式对萤火虫进行位置更新，通过式（5－22）计算每只萤火虫的新位置。

（5）萤火虫变异操作。利用式（5－20）和式（5－21）对萤火虫进行变异操作，其变异率为 $p=\frac{k}{n}$。

（6）适应度的计算。重新计算每只萤火虫的量子位概率幅，分别求出相应的适应度值，确定萤火虫群体中的精英个体。

（7）终止条件的判定。判定算法是否达到要求，如果是，则转向式（5－8），否则转向式（5－4）。

（8）输出结果和最优的萤火虫精英个体。

§5.4.4　仿真结果分析

为了验证本书提出的量子萤火虫算法的性能，选择了 Sphere 函数、Schaffer 函数和 Rastrigin 函数三个典型的基准函数进行测试，并将测试结果与基本粒子群算法进行对比。同时将本书提出的算法应用于复杂系统可靠性冗余优化问题中，给出了具体的实施方案和优化结果。仿真实验环境在 windows 7 操作系统下的 Matlab R2012b 中进行。

1. 函数测试

三个典型的函数分别如下：

（1）Sphere 函数。

$$\min f(x)=\sum_{i=1}^{n}x_i^2,\quad |x_i|\leqslant 15,\quad n=10$$

（2）Schaffer 函数。

$$\min f(x,y)=0.5+\frac{\sin^2\sqrt{x^2+y^2}-0.5}{[1+0.001\times(x^2+y^2)^2]^2}$$

$$x,\ y\in[-10,\ 10]$$

（3）Rastrigin 函数。

$$\min f(x_1,x_2)=20+x_1^2+x_2^2-10[\cos(2\pi x_1)+\cos(2\pi x_2)]$$

$$x_1,\ x_2\in[-5,\ 5]$$

萤火虫数目为 100，粒子群算法的惯性权重最大值和最小值分别为 1 和 0.4，学习因子为 1.47，两种算法的最大迭代次数为 100。为了减小误差，取 10 次试验的平均值作为比较结果。图 5－3、图 5－4 和图 5－5分别为三个函数的优化曲线比较图。

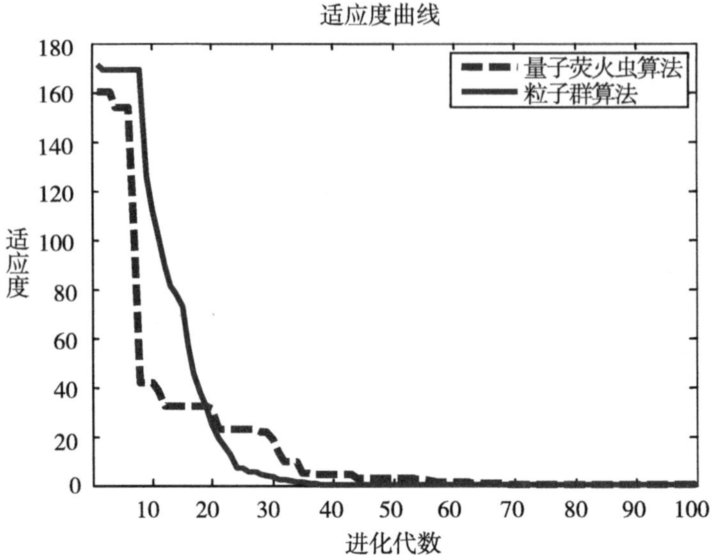

图 5－3　测试 Sphere 函数的性能比较

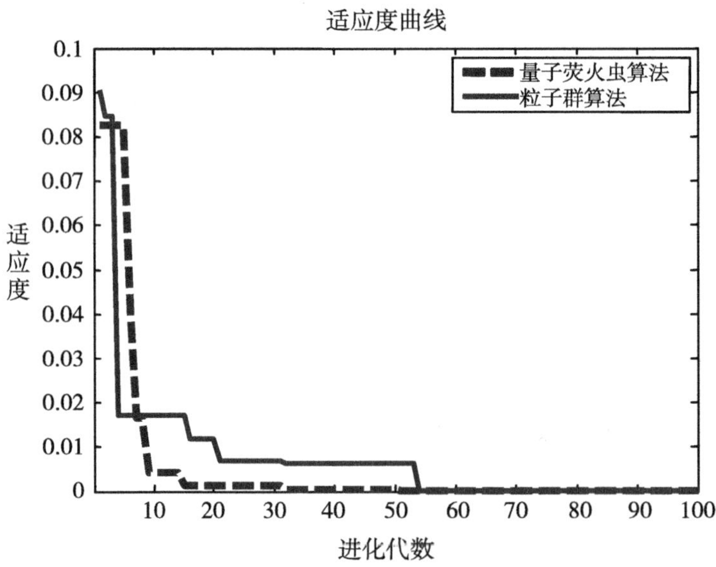

图 5－4　测试 Schaffer 函数的性能比较

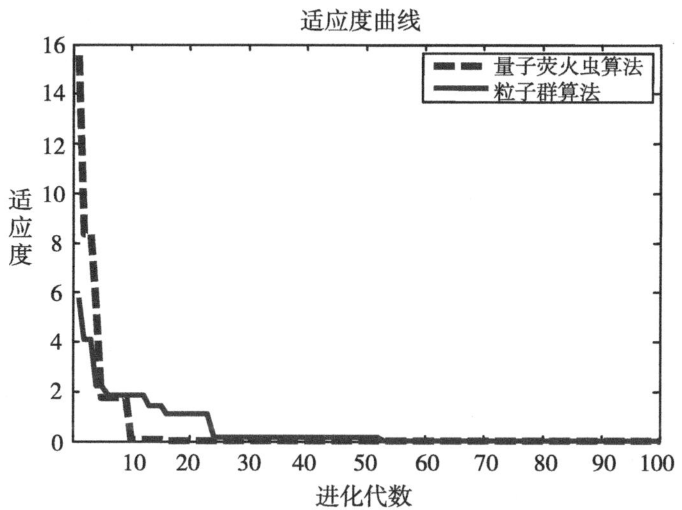

图 5－5　测试 Rastrigin 函数的性能比较

在测试 Sphere 函数时，粒子群算法的优化结果为 0.0447，而量子萤火虫算法的优化结果为 0.0072，同时粒子群算法在第 37 代时收敛达到最小值，量子萤火虫算法在第 28 代时收敛达到最小值。在测试 Schaffer 函数时，粒子群算法的优化结果为 0.000003171，而量子萤火虫算法的优化结果为 0.00000010014，同时粒子群算法在第 25 代时收敛达到最小值，量子萤火虫算法在第 18 代时收敛达到最小值。在测试 Rastrigin 函数时，两种算法的测试结果差别更大，粒子群算法的优化结果为 0.0301，而量子萤火虫算法的优化结果为 0.00009794，其迭代次数分别为 38 和 29。从仿真结果中可以发现，量子萤火虫算法在分析函数优化时具有收敛精度高和鲁棒性好的特点。

2. 复杂服务系统冗余优化

将本节提出的量子萤火虫算法应用于 SVN 复杂系统可靠性冗余优化的实验中，利用量子位编码方式对萤火虫个体进行编码，令 $|X_i(t)>$ 单个萤火虫的量子空间位置，所优化的复杂服务系统共包括 6 个服务子系统，每个子系统有 3 套可供选择的实施方案，且冗余数最多不超过 2 个。每个子系统实施方案数据如表 5－1 所示。

表 5－1　子系统实施方案数据

子系统	可选实施方案								
	R	t_i	η_i	R	t_i	η_i	R	t_i	η_i
服务子系统 1	0.94	52	11	0.90	42	10	0.93	43	10
服务子系统 2	0.92	43	13	0.91	46	12	0.92	42	12
服务子系统 3	0.93	46	10	0.93	48	9	0.90	54	13
服务子系统 4	0.91	62	9	0.94	52	11	0.91	65	15
服务子系统 5	0.92	67	12	0.92	57	10	0.91	57	11
服务子系统 6	0.90	41	12	0.91	51	13	0.94	48	14

对复杂服务系统可靠性冗余度进行优化时，待优化的向量 $\theta = [p_1, q_1, p_2, q_2, \cdots, p_6, q_6]^T$，其中 $1 \leqslant p_i \leqslant 2$，$1 \leqslant q_i \leqslant 3$，$i = 1, 2, \cdots, 6$，种群的规模为 80，最大迭代次数为 200，算法运行的迭代次数与复杂服务系统可靠性的变化曲线如图 5－6 所示。

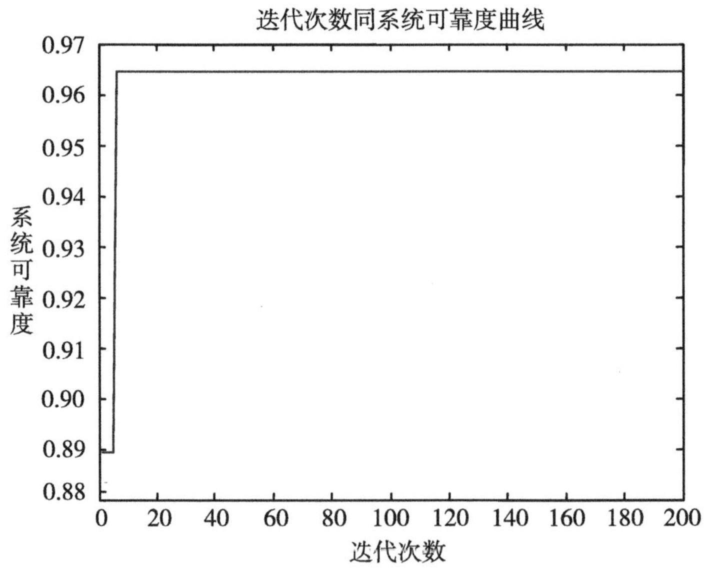

图 5－6　复杂服务系统可靠性变化曲线

从图 5－6 可以看出，这里所提出的算法迭代到第 16 代后就找到最优解，在实验过程中，将程序运行 100 次，得出的最优解 $\theta^* = [(1,2),(2,1),(2,3),(2,1),(2,3),(2,2)]$，对应的子系统实施方案与冗余度分配如表 5－2 所示。

表 5－2　子系统实施方案与冗余度分配

子系统	供选择的实施方案	冗余度
服务子系统 1	2	1
服务子系统 2	1	2
服务子系统 3	3	2
服务子系统 4	1	2
服务子系统 5	3	2
服务子系统 6	2	2

从表 5－2 可以知道，子系统 1 的可靠度为 $R(x_1)=1-(1-0.9)^1=0.90$，子系统 2 的可靠度为 $R(x_2)=1-(1-0.92)^2=0.9936$，子系统 3 的可靠度为 $R(x_3)=1-(1-0.90)^2=0.99$，子系统 4 的可靠度为 $R(x_4)=1-(1-0.91)^2=0.9919$，子系统 5 的可靠度为 $R(x_5)=1-(1-0.91)^2=0.9919$，子系统 6 的可靠度为 $R(x_6)=1-(1-0.91)^2=0.9919$。

复杂服务系统可靠性冗余优化问题具有非线性系统的特点，是典型的 NP 难题[101]。本节将量子进化计算中的量子位、量子旋转门等理论与萤火虫算法相结合，提出一种解决复杂服务系统可靠性冗余优化问题的量子萤火虫算法。该算法利用量子位对萤火虫个体进行编码，使量子位概率幅与复杂系统函数变量的解空间建立起映射关系，利用量子旋转门对萤火虫进行变异和位置更新操作。仿真实验表明该算法在解决复杂服务系统可靠性冗余优化问题时具有良好的性能。

§5.5　本章小结

现代服务业的发展要依托信息技术为核心的集成技术，实行协同发展策略。SVN 的演化趋势和可靠性是两个密切相关的问题，本章对这两个问题进行分析。

（1）SVN 在演化中，形成以服务平台为基础的网络架构。这种网络架构使得依托平台的其他服务模块在降低交易成本的同时，提升其价值创造能力。服务平台逐步成为引发相应服务机构集聚发展的“母体”。专注于某项专业能力的服务企业要依托服务平台企业，采用价值网络的协同发展策略。

（2）SVN 系统中冗余优化设计难度大、可靠度和系统成本难以达到既定要求。本文提出了一种量子萤火虫算法，将量子理论与萤火虫算法有效结合，通过采用量子位实数编码和量子旋转门的方式，扩展了萤火虫的寻优空间，使算法的全局搜索能力和搜索效率得到提高，通过量子旋转门使量子态 | 0 > 和量子态 | 1 > 进行有效转换，避免了萤火虫在领域半径内大面积聚集的现象，防止了算法过早陷入局部最优值。实验结果验证了该算法的有效性和可行性。

第6章　生产性服务企业价值创造能力研究

生产性服务企业的价值创造能力是创造客户价值的关键指标，也是决定企业绩效水平最为重要的能力要素。由于价值概念范畴的广泛性，本章以动态能力和价值链作为理论基础，从服务经济的层面来分析生产性服务企业的价值创造能力。

§6.1　价值创造能力内涵与特征研究

§6.1.1　服务企业价值创造能力的理论基础

1. 动态能力

动态能力是企业为适应市场变化而创造性地整合、建立和再配置内外部资源的能力。是组织所拥有的感知和获取内外部信息、知识等资源并与已有资源进行整合和重构，以实现新的资源组合来满足市场多元化需求的战略和运营能力。对于动态能力的具体构成，不同学者给出了不同的解释，Kathleen 认为，动态能力是可以确认的明确流程或者是常规，即动态能力是由组织流程构成的[102]，Subba 则认为，动态能力是一种产生多样化业务的知识特性[103]，我国学者魏江等认为，动态能力是由一些关键能力构成的能力体系，他们将动态能力划分为环境洞察能力、变革更新能力、技术柔性能力和组织柔性能力四个构面。目前学术界对于动态能力的外延和构成要素存在多种观点，尚未形成统一认识，但对动态能力以知识为基础的创新创造以及对各类资源的整合重组已经达成共识。价值创造能力符合动态能力的内涵定义和基本属性，是动态能力的一类，并且带有鲜明的目的性。

2. **价值链**

20 世纪 80 年代，迈克尔波特所提出了价值链模型，基本的立论点就是企业的利润是企业的一系列价值增值活动所构成，企业活动的价值增值性决定了企业最终利润。他将企业活动分为基本活动与支持活动两大类，基本活动是与产品与服务有直接关联的活动，而支持活动则包含管理、辅助和支持基本活动的活动，支持活动与不能直接创造产品与服务价值。基于价值链模型，波特创造了产品价值链模型，奠定了企业价值管理的基础。然而，与产品价值链不同，服务经济和服务价值链是带有天然的客户互动性，其价值的衡量更是带有客户主观性。服务企业通过向客户企业所提供的服务必须能够创造客户价值和客户满意，也就是说，服务价值大部分是由顾客满意乃至顾客忠诚带来的，对于这些内容，传统价值链理论尚未有充足的理论予以分析。

在本章内容中，我们通过整合动态能力理论和价值链理论，首先研究我国生产性服务企业在集聚发展背景下的价值创造能力的基本内涵和主要特征；在此基础上，从能力发挥的功能、范围、新颖程度和互补性关系进行分类，进而分析效率提升对服务企业价值创造能力的作用程度，提出提升服务企业价值创造能力的三个维度，为后续网络效应对企业价值创造能力的促进研究奠定基础。

§6. 1. 2　企业价值创造的研究视角

亚当・斯密第一次区分了商品的使用价值和交换价值，为价值创造理论奠定了基础。企业价值的概念最初是在产权交易中提出的，以交换价值为重点，主要研究企业价值评估。后来，价值创造的研究逐步并入企业战略的研究中，产生了以价值最大化为目标、以价值创造为核心的管理策略研究。

企业价值创造能力的研究以资源管理理论为基础，整合了动态能力理论和价值链观点等现代管理理念，企业的价值创造是一个系统工程，从资源投入、服务流程、客户需求及财务等方面都能反映服务企业价值创造能力的发挥程度。另外，不同性质的企业（如研发企业、金融保险机构、物流企业和商务服务企业等）其价值创造能力本身所强调的侧重点也会存在差异。本文从生产性服务企业的共性方面，研究价值创造能力的内涵、特征和能力提升构面。分析资料表明，服务企业价值创造可以从4个视角出发进行研究，这4个视角分别是投入资源要素视角、财务视角、流程视角和客户视角。

1. **投入资源要素视角**

从投入资源要素的视角来看，劳动、土地、资本、管理、技术、知识和信息，都曾经是或者仍然是价值创造的来源。这些通过相互配合，共同创造产品价值。但在不同时期，这些资源要素的主导地位却发生了变化。主要趋势是从原始资料、劳动、土地和资本等耗竭性资源占据主导地位向知识、技术、文化、社会资本和管理模式等不易耗竭的软性资源逐步成为价值创造的主要来源。在服务经济条件下，客户资源成为服务企业的珍贵资源，也逐渐成为企业价值创造的不可或缺的组成部分。

在服务主导逻辑下，资源被区分为操纵性资源和被操纵性资源。操纵性资源（Operant Resource）是指那些操纵其他资源来创造利益的资源，如知识和技能。被操纵性资源（Operand Resource）是被操纵用来传递服务的资源，如商品、自然资源和货币等。虽然价值有时会通过对象性资源（商品）来传输，但是价值创造是通过服务系统之间的操纵性资源的互惠应用而产生的。因此，操纵性资源是生产性服务企业竞争优势的根本性源泉。

2. **财务视角**

基于财务视角来看，价值创造是指把生产力资源凝结在服务和产品中。价值创造的前提是价值评估，学者们不断探索企业价值评估模式和方法，分别形成了基于现金流量、基于经济增加值、基于 Tobin’s Q 和基于期权定价的企业价值观和价值评估模式。从20世纪90年代，企业价值创造日益成为企业经营活动的核心，现值、终值、重置价值、清算价值、账面价值、经济增加值（EVA）、价值期望、价值均衡、公允价值和持续经营价值等被广泛运用到企业价值创造的理论当中。由于能够比较准确的量化，经济增加值（EVA）以及由此发展起来的市场增加值（MVA）和未来增长价值（FGV）在上市公司创造价值的能力中研究比较应用最为广泛。

3. **流程视角**

基于流程视角研究服务企业价值创造，也就是研究如何将各种投入转化为对顾客有价值的产出，流程视角是从波特的竞争优势分析中发展而来的。常用的分析方法有价值链、虚拟价值链和价值网。价值链分析认为公司的整体经营是由一些单独的、具体的价值创造活动通过线性技术联结的，认为企业价值是由这些活动共同创造的；虚拟价值链主要强调信息在现代社会中的作用，认为市场可以分为市场场所和市场空间，通过对市场空间（虚拟空间）内信息的收集、选择、组织、合成和传递，实现市场场所物质资源的价值增值；价值网研究如何通过现代媒介技术将价值创造主体连接起来，以实现价值共创的目的。作为一种新业务模式，价值网络将客户需求与高效化的服务网络相连接，并采用现代化信息技术，追求顾客满意和公司利润的高效动态平衡。价值网的本质是一种价值传递机制，这种传递机制适应现代专业化分工的生产服务模式，由处于不同环节的、具有特定资产专用性的利益相关者进行有机组合，共同为顾客创造价值。

4. **客户视角**

基于客户视角的价值创造的研究是在当代背景下产生的，企业之间竞争的加剧和产品的丰富化，使得企业经营的重点从大规模标准化生产转变为针对客户需求的定制化生产。企业价值创造的重点也从关注成本、生产转变为客户需求和系统解决方案。客户成为企业价值创造的根本来源，企业实现自身价值的前提是创造顾客价值。学者们通过感受主体的不同将顾客价值研究分为两类：一类是客户作为价值感受主体的，包括顾客感知价值、顾客体验价值、顾客让渡价值等，是客户对企业提供的产品和服务的主观体验；另一类企业作为价值感受主体的，企业通过达成客户满意，促进客户购买而使得自身价值增加，如顾客生涯价值、顾客份额、顾客资产等，客户为企业创造价值的前提是企业创造客户价值，特别是客户感知价值。因此，在这两类客户价值中，客户感知价值是客户价值的核心，因为客户所感知的超越客户付出的价值是客户购买的前提和决定因素。Zaithaml 认为，顾客感知价值就是顾客所能感知到的利益与其在获取产品或服务时所付出的成本进行权衡后对产品或服务效用的总体评价。

§6.1.3　服务企业价值创造能力内涵

马克思较早就对服务价值的进行过论述，他在《资本论》中将社会生产部门划分为生产资料部门和生活资料部门，并认为，为生产服务和生活服务的众多非物质生产部门在国民经济中所占的比重日益提高。服务为社会带来价值，并成为经济增长的主要促动力。企业活动的根本目的就是价值创造，企业存续与发展的理由也是不断创造价值，企业战略必须围绕价值创造展开。迈克尔·波特从公司竞争战略的角度出发，认为价值就是客户愿意为企业的产品与服务所支付的价格。基于财务评估的企业价值衡量方法是目前对于价值衡量最主流的方法。美国 SternS-tewart 公司借鉴了 Merton Miller 和 Franco Modigliani 关于公司价值模型，将经济增加值（EVA）方法发展成为一种集业绩评估、激励机制和管理理念于一体的管理体系。在管理实践和咨询中，EVA 指标采用经济利润作为衡量方法，较好地衡量了公司在相关年度为投资者创造的价值。他们认为，EVA 等于企业税后净营业利润减去全部资本成本后的净值。其中，资本成本包括债务资本和股份资本的成本。当 EVA 为正值时，说明投资者的财富增加速度高于资本的社会平均速度，企业的价值创造能力提升；相反，如果 EVA 为负值时，表明企业价值创造能力水平在下降。

EVA 作为一个绝对指标，在反映企业经济效益和价值创造能力上存在一定缺陷。首先，对于不同规模的企业，EVA 的大小并不能反映价值创造能力的高低，因为较高的 EVA 可能是可能是由于较大企业大规模资本投入造成的。对于劳动密集型和资本密集型的企业来说，其比较也存在同样的问题，劳动密集型企业投入大量的资本和劳动，可能有较高的EVA值，然而并不能代表劳动密集型企业的价值创造能力就比资本密集型企业的高。其次，EVA指标更多是从投资者角度考察企业价值创造，投资者收益的大小除了受到企业价值的影响之外，还会受到市场供求和市场垄断情况的影响。也就是说，利用投资者收益反映的企业价值创造能力并不直接，只是存在相关性。再者，对于大多数商品交易而言，非价格因素在客户的付出中占有较小比例，支付意愿与支付价格基本上是等价的。而对于服务产品，除了价格因素所涉及的质量和功能外，客户同样非常看重较多的非价格因素，如时间敏感性、服务等待时间、客户所花费精力等，因此，我们要用包括价格因素和非价格因素的支付意愿才能够更加准确地描述价值创造。这些缺陷的存在使得目前的流行的EVA不能真实地反映服务企业管理管理和价值创造能力的状况。

对服务研究的深入开展表明，现在很多企业提供给客户的既不是单纯的产品，也不是单纯的服务，而是既包含产品又包含服务的综合解决方案，产品与服务之间的区别变得模糊。“什么都是服务”[104]，“产品不过是服务传递的容器”[105]，服务就是一种价值创造。客户购买才是企业价值产生的唯一源泉，客户究竟注重什么？很多文献认为，在本质上客户其实并不注重产品和服务本身，而是注重从产品和服务中所获得的收益，如物流、娱乐、医疗、信息、可消费品等。因此，产品或服务的属性影响客户价值。产品或服务的属性从总体上可以区分为服务产品本身属性和拓展属性。其中，本身属性包括价格、质量、功能设计、效率、款式、种类、安全性和易用性等；拓展属性包括便利性、信任、企业声誉、可定制性及社会文化属性等。从客户购买意愿来看，影响其购买的因素可能是产品服务本身，也可能是产品服务的拓展属性。

通过上述分析，本书将服务企业价值创造能力定义为：服务企业所创造的客户价值与企业价值之和与投入成本的比例。在这里，利用企业和客户的整体价值替代传统上的企业税后净营业利润，在价值创造阶段将企业和客户的利益合并，是与服务的交互性强、价值共创相呼应；同时，服务企业投入成本包括资本成本加上劳动成本，而作为人力资本投入的劳动成本，除了正常的工资支付外，也包括企业为员工增加知识所付出的培训和组织学习费用等，这些成本对于服务企业来说尤为重要。

§6.1.4　服务企业价值创造能力的特征

1. **知识主导性**

依据知识的可见度，可以将知识分为显性知识和隐性知识。对于生产性服务企业来说，显性知识可以被准确地加以描述，并且可以通过知识编码而存在于组织中的技术流程、组织程序、操作手册和服务界面规则。隐性知识主要来源于经验，很难被描述，是一种潜意识的理解和运用。由于显性知识比较容易学习，而隐性知识的掌握则需要一个较长的过程，隐性知识常被认为是组织能力不可模仿的来源。当然，隐性知识可以通过在学习上的投资可以转化为显性知识。从价值创造的角度来看，各类知识在生产性服务企业价值创造能力中的作用不同，可以分为特殊性知识（Specific Knowledge）、整合性知识（Integrative Knowledge）以及应用性知识（Deployment Knowledge）。特殊性知识是指企业所具有的关于某个领域的知识，如某项独特技术或者服务技能，它存在于企业的内部与外部，表现为清楚的文字形式，是显性知识的典型表现。同时，由于达成服务的便利性，企业需要将许多领域的特殊性知识整合起来。如果特殊性知识以及整合性知识不被用来服务其他组织或者个人，也就是不能发现这些知识在商业上的价值。从经济意义上来说，应用性知识通过挖掘和利用整合性知识和特殊性知识两种知识，并与各类特殊性知识系统结合，才能形成企业完善的知识系统，达到价值创造的目的。一般来说，整合性知识与应用性知识都以隐性知识的形式存在于企业内部，传统企业在保持自身特有的整合性知识和应用性知识的同时，也将自身可利用的知识范围限制在组织内部。生产性服务企业是知识密集型企业，知识要素是其最为主要的资源，也是形成服务企业价值创造能力的基础。

2. **市场导向性**

近年来，市场导向受到营销理论和战略管理理论的极大重视，成为管理界讨论的重点，被认为是企业成功的关键之一。市场导向已经不仅仅作为营销部门的销售概念，而是一种企业组织内各个部门都需要具有的素质和理念。市场导向是指一系列的程序，包括市场信息的获取方式、市场信息在组织中的传播途径和企业对市场信息的加工处理。市场导向对于充分利用自身的各种资源能力进行有效配给，以及跨部门、跨组织传播知识，以及采取联合行动满足现在与未来的顾客需求，提供了准确高效的市场信息和情报。

市场导向使得生产性服务企业聚焦于持续地搜集目标客户的现实需求和潜在需求，以及竞争者的战略动态和能力变化等信息，并且应用这些信息做出有效反应，创造卓越的顾客价值。因此，市场导向不仅作为一种经营理念的执行，更是一种战略发展的概念，它对于企业组织的客户导向、竞争者定位与衡量以及和跨部门、跨组织协调三个因素的综合应用，从客户、竞争者及组织自身与合作者等全方位协调，以期产生更好的顾客价值并建立竞争优势的观念。具体来说，生产性服务企业的市场导向战略非常注重机会辨识能力。

机会辨识就是德鲁克所说的“企业应该不断地搜寻变化，回应变化，并把变化当作潜在的机会”，它也是一种发现市场机会的程序，机会辨识能力的本质就是企业家对以前未被认识到的市场机会的机警敏感的反应。对机会的辨识是生产性服务企业进行价值创造的前提，但这种对机会的辨识在运用中最困难的就是新机会出现时如何辨识该机会的潜在价值，一般来说，企业家的先验知识和经验会影响到他对市场机会的辨识。同时，企业家对于自身优势的分析能力、商业模式的选择和经济租金获取方式都是企业进行机会辨识，提升服务企业价值创造潜力的基础。

对机会的辨识包括搜寻和选择两个阶段，搜寻是指生产性服务企业积极参与发现和寻找市场上的价值创造和利润获取机会的能力。搜寻的主要特征有两个：一是机会的不可逆性，二是环境的不确定性。选择是指生产性服务企业创造或适应外部环境所做出的商业模式创新或者选择的决定。一般来说，搜寻和选择是交互发生的，是生产性服务企业结合技术创新和服务创新进行的经营模式创新过程中相互作用的两个方面。这个过程，对于生产性服务企业的经营者来说，是企业家根据自身累积的知识和资产，察觉到外部环境变化，以其个人经验为基础所进行的机会选择；对于企业来说，则是生产性服务企业以持续进行的研发和经营活动来实现追求企业价值创造的活动。在这个过程中，知识资产和其他资产在路径依赖和渐进演化的交织中逐步累积，因此对环境变化的观察力不断增强，对消费需求变动的鉴别力和对市场新机遇的发现力等市场导向的感知能力也会不断增强。

生产性服务企业的管理者在感应市场变化与科学技术动态发展上应该具有敏锐的洞察力，这些变化包括基础科学与具体科学技术的发展、顾客需求与市场细分的识别、内部研发与发展的程序与供应链的创新活动等。生产性服务企业对市场机会的鉴别能力，与组织自身的演化规律和资本化能力相结合，通过战略弹性和组织柔性机制，能够夯实价值创造的坚实基础。

§6.2　服务企业创造价值能力的构成分析

§6.2.1　服务企业价值创造能力的构建基础分析

服务企业所创造的价值很大程度上取决于服务质量，当代经济竞争的核心是以客户为中心，因此，服务质量的高低自然是由顾客来决定的。早在 20 世纪 80 年代 Groliroos 首先提出了感知服务质量（Perceived Service Quality）的概念，强调服务企业应该从客户视角来理解服务质量的构成[106]。他认为服务质量是由技术质量和功能质量构成的，客户在选择服务时，还会考虑到企业形象的影响，技术质量、功能质量和企业形象构成了顾客对服务质量评价的三个维度。客户最终所感知到的服务质量，最终是由他们所体验的服务水平与他们所期望的服务水平之间的对比来确定的，因此，也可以称为服务质量的期望差异。

服务质量是由服务的各种属性构成的多维度概念，其评价也需要从多个方面展开。在 Parasuraman 所建立的 SERVQUAL 服务质量评价模型中就考虑了 10 个维度，包括可靠性、响应性、能力、可接近性、礼节性、沟通性、信誉度、安全性、理解顾客、有形性等[107]。在其后的研究中，Parasuraman 将这 10 个维度归纳为 5 个维度，也就是可靠性、响应性、有形性、保障性和同情性。基于 SERVQUAL 服务质量评价模型的测量就是要对所有的维度测量客户对服务质量各属性的期望和感知水平。由于客户期望的模糊性和这些指标的难以操作性，Ahmet 等认为，直接用服务表现的绝对水平就可以衡量服务质量[108]。他们建立了 SERVPERF 模型替代 SERVQUAL 模型进行数据分析中，得出解释性更强的结论。而由于 SERVPERF 模型不需要测量顾客对各质量属性的期望水平，从而大大减少了客户调查的工作量和困难度。服务整体表现认为顾客的期望有一个最低要求和一个理想的水平，这当中的差距就构成了服务评价的可容忍性空间，这种可容忍性空间的存在更进一步加大了服务质量差异感知，加剧了服务质量评价标准的不确定性。

随着社会进步和消费者鉴别能力的提高，人们对于服务质量的需求不断提高，质量理念处于不断的变化发展之中。服务质量在注重符合性质量和适用性质量的基础上，在向广义质量的观点发展。也就是说，服务质量是不仅仅是服务绩效要符合顾客的期望，不仅仅是一种衡量企业服务水平能否满足顾客期望程度的工具，而且要注重服务感知价值，要了解顾客期望的服务质量与顾客实际接受的服务质量之间的差异。服务感知价值应包括可靠性、反应度、能力、增长、行为、交流、可信度、安全性、对消费者的了解和有形资产等内容。因此，服务是具有一系列特性、能够满足需求的活动。服务感知价值既是客户对自己所获得的服务满足感的评价，也是从服务消费者的角度对服务质量等内容的界定。

§6.2.2　考虑客户感知价值的价值创造能力的构成

本书在“服务成本—交易价格—客户感知价值”的分析基础上，增加了两个变量，也就是客户支付和企业支付。首先，客户支付需要大于交易价格，表明除了交易价格之外，客户为了获取服务的使用价值，还需要有其他的支出，如时间、精力和价格之外的货币付出等。客户感知价值要大于客户支付，才能产生客户购买意愿。其次，企业支付大于服务成本，表明除了服务成本之外，企业还需要有其他方面的支付，如资金成本、企业所交税项等，这些支付我们总称为成本费用。也就是说，除了服务成本之外，还存在客户支付减去交易价格所产生的交互成本和企业支付减去服务成本所产生的成本费用，这两项构成了企业价值创造的隐性成本，也就是所在服务价值达成时，一共存在三项成本：客户交互成本、成本费用和服务成本。生产性服务企业价值创造能力的构成如图 6－1 所示。

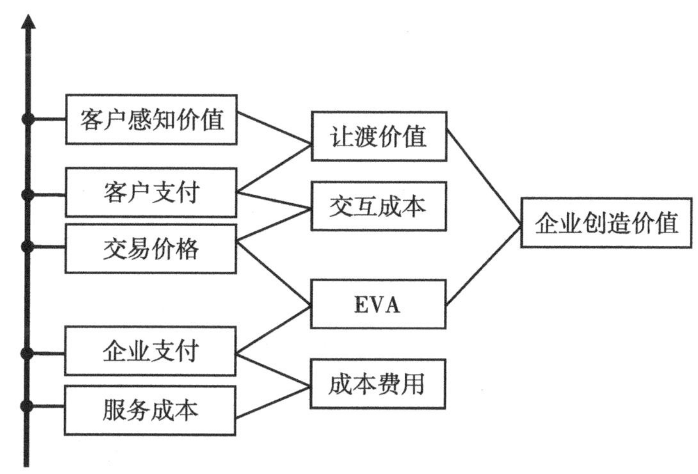

图 6－1　生产性服务企业价值创造能力的构成

市场中服务的顺利开展需要有两个前提：一是交易价格要大于企业支付，服务企业才能提供服务供给；二是客户感知价值要大于客户支付，客户才有购买意愿。其中单位服务产品的交易价格减去企业支付，是企业传统意义上的 EVA，而客户感知价值减去客户支付，是企业让渡给客户的价值，称为让渡价值。客户所得到的让渡价值加上企业所得到 EVA，是企业最终所创造的价值，也就是说，企业价值创造能力是企业和客户所得到的总体价值与企业总体支付和客户交互成本所构成的总体成本的比值。

$$企业价值创造能力=\frac{让渡价值+EVA}{客户交互成本+成本费用+服务成本}=\frac{让渡价值+EVA}{客户交互成本+企业支付}$$

以上所提出的企业价值创造能力的衡量方式，除了包括传统衡量方式中的 EVA 指标和企业财务上的各种支付成本之外，还包括客户的交互成本和让渡价值，因此这种综合的企业价值创造能力衡量方式具有以下显著特点。一是关注总体价值，对于总体价值的整体关注使得企业将客户视为价值共同体成员，是价值的共创者和共享者。企业与客户之间最重要的是合作共赢关系，价值的创造是企业与客户交互的结果，在这个过程中，客户提出价值需求，企业提供价值主张，客户与企业共同创造价值。二是关注企业让渡价值，企业与客户所共创的价值包含两部分价值效用空间，其一是以利润和财务为内容的效用，这部分效用具有竞争性的，其二是不具有竞争性的，包括企业声誉、组织氛围和文化所带来的价值、知识与信息分享所带来客户素质提升等内容。服务企业除了确定适当标准划分具有竞争性的价值之外，最为重要的是通过构建非竞争性效用空间，充分让渡非竞争性效用所带来的价值。三是关注客户交互成本，企业与客户交互性的增强必然带来客户交互成本的提高，同时由于需要服务企业与客户交互频繁，企业与客户的时间管理变得非常重要。客户的交互成本中，时间和精力成本必然成为客户关注的重要因素，有效率和具有创造性的交互能够提升服务企业价值创造能力。

§6.3　效率提升对价值创造能力的影响分析

服务创新有多种形式，如果从产生的结果来看，主要有三类：一是对于原有服务的效率改善；二是对原有服务的改善或者创造新服务替代原有服务；三是创造出原来根本不存在的新的服务产品。这些服务创新本身的价值是类似于知识产权在市场上的价格，之所以称为“类似于”，是因为有些服务创新都很可能不能获得知识产权的保护。然而，服务创新真正的价值在于创新使得经济效率的提升以及客户价值的实现。当然随着服务创新及所产生的服务模式在经济社会中普及应用，这种创新逐步转化为社会普遍化的生产条件，其创新价值就会逐步消失，此项服务创新的全部价值就已经达成。这时，其他效率更高的服务创新则会不断挑战现有服务模式。

在这三类服务创新中，对原有服务进行效率提升是最为常见的创新模式，经常表现为渐进性创新，其常见模式是应用在其他行业中成熟的新技术，进行服务流程改善。这种服务创新在某一行业领域内是逐步展开的，我们研究这类创新是如何创造价值的，以及创造的价值有多大的问题。

设某项服务创新在某产业中逐步推广，能够使其服务效率达到原来的 K 倍，假设该项服务的社会总需求为 N，采用该服务创新的企业的提供量为 x，尚未采用该服务创新的企业的提供量为 $N-x$，由于服务创新使得服务效率提高到原来的 K 倍，未采用服务创新的企业所使用劳动时间就是采用服务创新的企业的 K 倍。按照劳动创造价值理论，在社会正常生产条件下（没有采用服务创新），劳动时间的长短代表着所创造价值的高低，我们假设在没有采用服务创新的情况下，该项服务的价值为 αT，T 为该项服务的劳动时间，α 为单位时间的价值创造。在服务创新在产业中的推广阶段，采用创新服务的市场提供量的增加 Δx 所导致的价值量增加 ΔV 是

$$\Delta V = （混合状态下社会平均价值 - 服务创新下的平均价值）\cdot \Delta x$$

$$= \left\{\left[\frac{\alpha T}{K} + \alpha T\ (N-x)\right]\frac{1}{N} - \frac{\alpha T}{K}\right\}\Delta x = \left(1-\frac{1}{K}\right)\left(1-\frac{x}{N}\right)\alpha T\Delta x \tag{6-1}$$

为简单起见，我们假设服务创新的初始成本为零，服务创新的推广最初难度较大，而随着这项创新成果的扩散而变得简单，创新成本的市场提供量的增加所导致的创新推广成本变化 ΔC 是

$$\Delta C = \frac{N-x}{N}\beta T\Delta x = \left(1-\frac{x}{N}\right)\beta T\Delta x, \tag{6-2}$$

为尚未采用服务创新时单位时间的付出成本。因此，服务创新的纯增加价值为

$$\Delta V - \Delta C = \left(1 - \frac{1}{K}\right)\left(1 - \frac{x}{N}\right)\alpha T\Delta x - \left(1 - \frac{x}{N}\right)\beta T\Delta x$$

$$= \left[\left(1 - \frac{1}{K}\right)\alpha - \beta\right]T\left(1 - \frac{x}{N}\right)\Delta x \qquad (6-3)$$

这就是以提高服务效率为目的的服务创新价值创造公式，它是用价值增加的方式表达的。从这个公式中可以看到，首先，需要 $\left(1 - \frac{1}{\mathrm{K}}\right)\alpha \geqslant \beta$，任何服务创新的实施都需要员工学习和组织成本，仅仅是单位时间内价值创造大于付出成本是不够的，还需要服务效率的较大提高。譬如，如果 $K=2$，即服务效率翻倍，这时需要 $\alpha \geqslant 2\beta$，即单位时间内的价值创造要至少大于 2 倍的付出成本，这项服务创新才实施的可能。其次，x 越小，采用服务创新的企业在单位时间内所增加的超额价值就越大，这就会吸引更多的企业采用该项服务创新，而随着 x 值的增大，该项服务创新在单位时间内所增加的超额价值就越来越小。最后当 $x = N$ 时，这项服务创新所能创造的超额价值为零，也就是说，这项服务创新已经成为社会正常的生产服务条件。

那么这项效率提升的服务创新所创造的价值究竟多大呢？它等于这项服务创新的所有超额价值 $V-C$，对上述服务创新的价值创造进行全过程积分，即对上述过程进行从 0 到 N 的积分，可以得到，

$$V - C = \int_0^N \left[\left(1 - \frac{1}{\mathrm{K}}\right)\alpha - \beta\right]T\left(1 - \frac{x}{N}\right)dx$$

$$= \left[\left(1 - \frac{1}{\mathrm{K}}\right)\alpha - \beta\right]T\int_0^N\left(1 - \frac{x}{N}\right)dx = \left[\left(1 - \frac{1}{\mathrm{K}}\right)\alpha - \beta\right]\frac{1}{2}NT \qquad (6-4)$$

例如，假定服务创新使得服务效率提高到原来的 $K=2$ 倍，如果价值采用货币形式，假定原生产条件下该项服务的必要劳动时间为 T 所对应的 10 小时，每小时的价值创造 $\alpha=20$，每小时的付出成本 $\beta=5$，为某一区域在某段时间内对该项服务的市场需求 N 为 10 万次，即该区域的市场需求为 2000 万元，那么该项服务创新最终创造的超额价值为 250 万元，是原来市场总需求的 $\frac{1}{8}$。

通过上述公式及推导过程可以得出如下结论：首先，采用效率提高的创新方式所提供的价值是由服务企业的各个环节共同创造的，并非仅仅由创意者或者专利人所独创，服务创新的价值是使用价值，服务创新的倡议者的贡献是提出价值主张。其次，服务效率提升所创造的价值与原市场需求高度相关，根据假设，原市场需求价值为 $NT(\alpha-\beta)$，而创新价值为 $\left[(1-\frac{1}{K}\alpha-\beta)\right]\frac{1}{2}NT$，当 $K\geqslant 1$ 时，$0\leqslant 1-\frac{1}{K}<1$ 。故而，即使服务效率得到极大提升，如果原来市场需求没有发生变化，该项服务创新所能创造的最大价值也不会超过原有市场的一半。再次，服务效率提升所创造的价值是递减的，在上述价值创造公式中，对服务效率 K 求导，可得到 $\frac{1}{2}\alpha NT\frac{1}{K^2}$，也就是说，随着 K 的不断增大，所产生的价值变化率越小。当服务效率已经比较高时，效率提升所创造的价值是有限的，此时需要其他的创新方式，如通过改善服务产品扩大市场需求或者创造全新服务产品给客户全新体验等。

§6.4　生产性服务企业价值创造能力提升维度

通过上一节分析，可见仅仅通过服务效率提升所创造的价值存在一个阈值。因此，生产性服务企业提升其价值创造能力必须拓展思路，可以从服务活动范围、资源整合类别和服务创新强度三个维度对服务企业价值创造能力进行提升。

§6.4.1　服务活动范围

服务提供者最初是依靠自己的活动来为客户提供服务的，这种主要仅靠自身资源和活动所提供的服务范围较小，服务种类也比较单一。现代服务业构建 SVN 作为价值创造的依托。企业从事价值创造活动的范围从组织扩展为 SVN，网络看待活动的视角，改变了以往局部性和碎片化的缺陷，转向整体性和全局性。一个成功的企业不再仅仅是“增加价值”，而是“再造价值”，战略分析的聚焦不再是公司，甚至产业，而是服务生态系统本身。网络内的活动，也从原来依靠组织内部资源基础为主，转变为动态能力、网络资源获取和组织关系之间的协调。服务活动范围的扩展对服务企业价值创新能力提高及协同服务创新绩效的提升有着深刻的影响，构成价值创造能力分类的第一个维度。

§6.4.2 资源整合类别

SVN是一种服务生态系统，是由一系列服务系统所构成的复杂松散耦合系统。一个服务系统是资源的安排集合，目的是整合它自己的资源和其他服务系统的资源来共创价值。因此，这些服务系统又被称为“资源整合者”。在服务主导逻辑下，资源被区分为操纵性资源和对象性资源。操纵性资源是指那些操纵其他资源来创造利益的资源，如专业知识、管理技能和战略决策能力等。对象性资源是被操纵用来传递服务的资源，如商品、自然资源和货币等。虽然价值可能会通过对象性资源（商品）来传输，但是价值创造是通过服务系统之间的操纵性资源的互惠应用而产生的。在服务生态系统中，SVN看待价值创造的要点在于操纵性资源的互补利用以及由各种资源所产生的核心能力，操纵性资源是竞争优势的根本性源泉。因此，资源类别构成了服务企业的价值创造能力的第二个维度。

§6.4.3 服务创新强度

在服务主导逻辑下，服务创新就是服务企业连同其SVN为客户提供的、能够创造客户价值并促进客户购买意愿的新服务解决方案或者服务体验。为客户提供针对客户特性和需求的一揽子解决方案成为网络环境下具有创新意识的领先企业的一种商业规范，也是对经济转型的回应。产品与服务不断进行融合，使得越来越多的产品和服务被捆绑在一起。服务主导逻辑的服务创新正日渐成为当代网络环境下服务企业价值创造能力的关键要素之一。服务创新涵盖了新服务概念的开发、新的服务传递交付系统、新的客户交互界面、新的价值网络系统和新的收益分配模式等，服务创新可以是这一系列创新中多维甚至全部维度的变革，也可能是其中某一维度或者一个维度中某个侧面的变化，这就是服务创新的强度问题。一般来说，如果一个企业提供的越是常规的服务，创新的幅度不大，客户所能感知的溢价和企业价值创造能力就不大；如果一个企业所提供的服务中创新较大，甚至比较剧烈，突破了原有的服务模式，就越有可能创造更加卓越的客户价值。

因此，基于以上分析，本节认为，生产性服务企业价值创造能力的提升要基于活动范围、资源类别和服务创新程度，围绕客户价值提升资源整合能力、关系构建能力和服务创新能力，如图 6－2 所示。

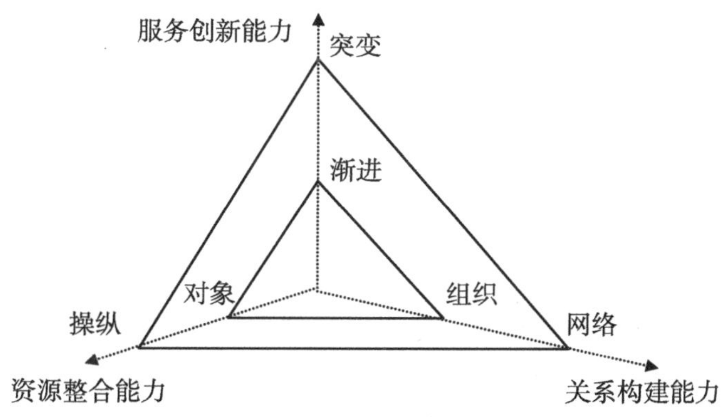

图 6－2　生产性服务企业价值创造能力的提升维度

§6.5　服务平台企业对 SVN 的价值创造能力提升

§6.5.1　资源整合中对服务模块的“平台孵化”效应

SVN 的组织架构模式，改变原有市场上生产性服务业的竞争结构，进而产生服务业集聚的平台孵化效应。规模较小的中小服务企业只要依托服务平台，就能得到平台企业所提供的互补性、基础性资源和服务。这种市场机会和资源能力的提升必然会获取相对其他服务企业的竞争优势，这就产生了其他服务企业向平台集聚的压力。而从客观上来说，随着向中小企业向平台企业的集聚，组织学习、交易成本与服务成本减少等效应开始体现，使得依托平台而集聚的服务企业将更具竞争力。而当越来越多的企业依托平台而集聚，服务平台本身就成为有关服务供求信息与各类专业知识集聚高地，服务平台企业依托现代信息必然能够进一步降低交易成本、促进知识溢出和吸收、提升整个 SVN 的创新性和生产力水平，从而形成整体的创新涌现和对服务模块的培育。

§6.5.2　关系构建中对 SVN 的交易对接效应

服务平台企业激活了生产性服务业和工业制造业之间的双边效应，达成服务供需市场的正强化机制。服务平台对中小服务企业所提供的服务模块达成孵化效应后，服务平台企业及中小服务企业的服务效率提升，服务市场也不断完善，那些通过 SVN 获取生产性服务、聚焦专业化制造的制造企业不断获取竞争优势，这必然会形成更加专注于核心技术和能力的产业氛围，形成进一步的产业内分工，从而也会加大其他制造业企业效仿，从而通过平台界面获取生产性服务的市场需求必然在原来规模上大幅增加。这就形成了生产性服务企业与制造企业的良性循环，因为通过服务平台进入 SVN 的需求不断增加，必然会给网络内的中小服务企业带来更多的市场机会、更显著的规模经济效应，从而进一步强化了依托服务平台的意愿。这就达成了生产性服务业和制造业之间的具有累积强化的“双边市场效应”。这种市场效应的出现，其原因在于服务平台企业构建了“第三方”的信息平台、信任平台和资源整合平台，使得“服务”这种无形产品有了实体的担保，其交易成本得以降低。

§6.5.3　服务创新中对 SVN 本身的自增强效应

服务平台企业在孵化中小企业、达成正向双边市效应的同时，生产性服务企业在某个特定市场也容易达到规模经济临界值，再加上制造业对生产性服务企业的需求的定制化和多样化，在生产性服务业内部必然会出现深度分工，价值链被不断拉长，产生了“服务为服务”的扩大效应，也就是间接或迂回服务流程会创造收益递增效应。服务分工的不断深化，中间性服务资源投入不断增多，专业性较强的服务企业的不断产生和发展。例如，随着中储集团依托“前店后库”模式及在物流与供应链领域的不断拓展，依托物流平台的银行、保险、邮政、商务、通信、网络、汽配汽修等生产性服务以及工商、税务、运管等政府职能服务应运而生，同时还引发了对物流规划、管理、培训、考核、评价等服务的产生。平台企业对服务业的自增强效应，主要依托服务的多样化和服务创新而不断得以提升。

§6.6　本章小结

本章基于动态能力和价值链理论，结合营销理论中的客户感知价值，讨论了生产性服务企业的价值创造能力的内涵与特性。通过数理分析得知，在原有市场没有较大改变的情况下，如果原有效率较高，那么提升效率对于价值创造的贡献存在阈值。通过讨论得知，围绕客户价值提升资源整合能力、关系网络能力和服务创新能力是提升生产性服务企业价值创造的三个有效维度。平台服务企业同样应该从这三个维度提升创造能力。

第7章　网络效应对服务企业价值创造能力影响分析

在服务主导逻辑下，服务是一种价值创造，服务能力的根本体现就是价值创造能力。目前，中国生产性服务业正处于转型发展时期，从整体上来说，价值创造能力并不强，多数生产性服务企业只能提供功能性的服务产品，与跨国服务公司所倡导的注重客户体验和客户交互的系统解决方案仍然存在差距。生产性服务业的形成和发展与区域经济、产业集聚有着天然的联系。目前，在城市区域和传统工农业集聚区附近，生产性服务业在市场机制和制度设定的双重作用下，正在加速形成以专业化或是综合化发展的集聚态势。

与此同时，国内学者对于服务集聚、服务创新及其对企业价值创造能力提升的研究相对匮乏。对于产业集聚，现有研究大多是基于制造业和农业，对于服务集聚促进服务创新及价值创造的研究不够，甚至落后于现实发展状况，无法形成对企业创新发展的有效指导。这表现在以下三个方面，首先，对于服务的价值创造能力的关键前置要素研究滞后，企业无法根据要素特点有的放矢地提高自身的价值创造能力，进而获得显著的创新收益。其次，对影响我国处于发展初期的生产性服务业集群发展的关键独特要素缺乏研究，尤其是政府主导下由制度规划所确定的生产性服务业集聚，企业集群发展的自增强动力机制不足。最后，缺乏对 SVN 的运行机制的研究，不能把握从整体上系统提高生产性服务企业价值创造能力。因此，本章基于产业集聚、价值网络和价值共创理论，探讨如何通过生产性服务业集聚，构建高效的 SVN 来提升服务企业价值创造能力，从而达到服务创新的整体涌现和经济效率的提升。

§7.1　基本概念与理论基础

§7.1.1　产业集聚的经济来源变迁

传统产业集群理论植根于区位经济，而区位经济最为关注成本、生产率及销配渠道，因此管理者强调集群中的规模经济、运输成本及劳动力要素的流动性三个要素。马歇尔认为，较高的专业化水平和对市场交换机制的高度依赖是制造业集群的基本特征。Maskell 结合马歇尔集群与区域经济理论，认为产业集聚经济的来源是专业化经济（规模经济、范畴经济）、劳动力市场经济和知识外溢效应[109]。传统产业集聚是以生产制造为核心的产业集聚，对于自然资源、能源、原材料和机械设备等具有实体性质的对象性资源高度依赖；产品在本地集群内的消费占有很少份额，其产品绝大多数通过各种流通渠道被输送到各地。因此成本、运输渠道和营销是企业的关注点；虽然马歇尔指出了产业集群所产生的知识外溢对于创新的重要意义，然而后续学者结合时代背景更多的关注效率、生产率以及成本的降低[110]。

§7.1.2　价值网络中价值转换方式

价值网络作为一种商业运营模式，它是企业以客户价值作为战略出发点，运用战略联盟、股权控制等手段构筑的价值创造和价值管理体系。在专业化分工的生产服务模式下，处于价值链不同环节的企业及利益相关者分别具有某些特定专用资产和专业知识的核心能力，在产权、契约和关系相结合的治理模式下，组织网络可以通过一定的价值创造和价值传递机制，共同为顾客创造价值。Prabakar 和 David 所提出的价值网络模型，着重强调了核心能力、客户价值和相互关系三个基本概念，这三个概念分别在企业战略、营销理论和网络理论中占有相当重要的地位，价值网络将被学科分割在不同领域的关键概念通过价值创造和价值管理重装起来。价值网络的优化是指核心企业围绕客户价值的实现和提升，以整体系统价值最优为原则，对组织网络中价值生成、分配、转移和使用的关系及其结构进行管理。价值网络扩展了“将投入转换为产品或服务”的直线思维，将企业系统视为价值创造生态系统，更加关注组织间合作，关注价值的共同创造，关注价值生态的整体演化和提升。

§7.1.3 服务价值的协同共创

传统的价值创造理论基于交换价值，认为价值创造是由企业单独完成的，消费者是价值的享用者或消耗者，客户购买所支出的价格就是产品价值。普拉哈拉德等首先基于使用价值提出价值共创的理念，并认为价值最终是由消费者确定的，企业未来的竞争优势要依赖企业与客户共同建立的价值共创体系[111]。价值共创的研究首先在营销学界展开，并逐步扩展到其他管理学领域。鲁斯等认为，价值共创包括生产协同和价值协同两个方面[112]，其中，生产协同是供应商之间的协同，是生产者与服务提供商通过协同设计、并行生产、共同管理库存、共享渠道信息而进行的新型生产方式；价值协同强调的共创价值是使用价值和体验价值，这些价值是服务产品提供者与使用者通过交互作用共同创造的，双方的互动合作能够提升客户价值和企业绩效。因此，价值共创是一项系统工程，其目的是建立客户价值与企业价值的和谐统一和高效提升。

§7.2 生产性服务业的集聚经济分析

§7.2.1 服务集聚效应来源及条件

产业集群的集聚效应主要包括专业化经济、劳动力市场经济、竞争者之间的知识溢出等，通过集聚可以形成专业性投入要素的集合，具有分工明确、有熟练技能的劳动力，以及形成竞争者之间相互学习与模仿。根据产业集聚理论，生产性服务业集聚主要是通过社会分工所产生的产业分工、劳动者分工和专业化进行的。制造企业将生产性服务进行外部化经营，能够充分匹配需求和供给在时间和空间上的契合度，克服服务不可存储的特性，大大降低服务设施与人员闲置率，使得外部交易成本低于内部组织成本，从而达到规模经济和交易费用降低的目的。例如，物流企业以物流园区和配送中心进行集聚，并与制造业聚集区、商贸聚集区联动发展，能够达成运载和仓储等能力的充分利用，实现高效集约的发展。其原因在于，这种模式一方面使得服务企业能够通过结成战略联盟或者并购的方式增加服务规模，进而形成服务作业的标准化，降低服务运作成本；另一方面，服务业集群能够形成有效竞争，使得服务需求方与供给方之间的信息相对公开，真实信息的获取相对容易，从而降低服务的搜寻成本和合约执行的监督成本。因此，通过中间服务产品的外部化经济，产业集聚能够获取经营效率的提升和成本的降低。

然而，很多研究却表明，目前交易成本节省所产生的规模经济和范畴经济并不是促进中国生产性服务企业效率提升的关键[113]。也就是说，集聚效应尚未显著提升生产性服务企业的价值创造能力，交易费用的降低尚未成为生产性服务企业绩效的主要来源。其中的原因是我国生产性服务业正处于发展初期，生产性服务企业的规模较小且分散，没有形成必要的行业集中度，因此通过规模效应降低成本的作用有限，专业化分工所产生的交易成本仍然较高。也就是说，目前我国生产性服务业集群所产生的集聚经济尚未显著显现。

同时，为促进区域经济协调发展和经济结构转型升级，各级政府和经济发展部门结合城乡规划，经常通过划出一定的片区发展各类专业性或综合性生产性服务业，如物流园区、研发科技园区、金融服务区、高技术服务开发区、商务服务集中区域（CBD）等，其中大部分生产性服务业集聚区通过前期的招商引资已经达到一定规模的集群。然而，经由招商条件吸引所形成的企业物理场所的集中，并不能自然带来企业之间经济纽带和知识纽带的建立。从总体上来说，目前制度设定的生产性服务业集聚并没有达到集聚效应和协同创造价值的局面。

§7.2.2　内生型服务集聚

按照客户价值实现是否在生产性服务业集聚的区域，可以将服务业集聚划分为内生型集聚与外生型集聚。依据服务消费地是否处于集聚区划分生产性服务，对企业的生产、传递、创新及管理策略具有重大意义。传统产业集聚都是典型的外生型集聚，其产品基本上是销往外地或者国外的；而生产性服务集聚的服务产出的消费，却有相当份额是在集群内实现的，也就是通过集群内制造业与服务业之间以及服务业本身的相互服务，以达成自增强效应。这种情况越是在注重知识和创新的高端生产性服务集聚（如城市 CBD）就越突出。

由于服务无形性的存在，不可避免增加了服务提供者与需求者之间的交互性，服务创新的价值共创模式要求“面对面”的服务模式，由服务提供商与客户企业一起计划和实施协同价值创造，并为客户企业提供集成的解决方案。内生型集聚内的生产性服务企业更加关注客户的感受价值，经常采用提供针对客户的个性化解决方案作为提升客户价值的关键途径。生产性服务业在地理空间上的集聚有两个发展趋势：一是依托工业产业区位的集聚，二是在城市中心和近郊区的集聚。内生型服务集群一般位于靠近大学、科研院所、商务核心地段等智力资本比较集中的城市区位。这种区位上的接近性，进一步会衍生出认知上、组织上、文化上和制度上的接近性，从而对服务交互性的达成具有很强的意义。制造业集群与服务业集群的比较如表 7 – 1 所示。

表 7 – 1　制造业集群与服务业集群的区别与联系

对比维度	制造业集群	服务业集群	
		外生型服务集群	内生型服务集群
导向	产品生产	服务流程	信息流程
倚重资源	对象性资源	对象性和操纵性资源	操纵性资源
主要的外部性	中间产品的外部化	服务功能的外部化	问题解决方案的外部化
输出特征	产品模块化	服务标准化	系统方案的个性化
价值扩展方式	产品全球化	服务全球化	通过本地化实现全球化
价值创造动力	成本、效率	效率、知识	创新、客户感知价值

续表

对比维度	制造业集群	服务业集群	
		外生型服务集群	内生型服务集群
企业间合作的主要模式	基于产权的静态模式	基于契约的动态模式	基于关系的演化模式
企业间价值关系	垂直供应链	供应链网络、战略联盟	SVN
举例	钢铁、化工、汽车	物流、金融保险、信息	研发、咨询、创意、高技术

§7.3　生产性服务业的网络经济分析

随着生产性服务业在地理空间上的集聚和城市中心化发展趋势，除了产业分工和社会分工所带来的专业化经济、劳动力市场经济和竞争者之间的知识外溢以外，还能够带来合作者及利益相关者之间知识技术外溢和智力资本市场的集中，这对于生产性服务企业的创新和价值创造十分有利。生产性服务集聚的网络经济主要依靠知识、技术、文化、管理模式和管理理念等具有不可耗竭性的操纵性资源。在知识经济和服务经济的背景下，这些操纵性资源及由此发展起来的动态能力在价值创造过程中起到主导和主体作用，成为生产性服务企业最为关键的价值创造能力要素资源。

§7.3.1　服务集聚网络效应中的溢出知识吸收和服务创新

在生产性服务业集聚中，包括知识经济和创新经济的网络效应是通过服务创新和商业模式创新展开的。服务创新的前提是知识创新，包括知识创造、传播和整合应用等过程，在目前阶段，对于我国生产性服务企业来说，知识整合无疑是一项最为关键的能力。知识整合能力是一个企业能够有效地整合内外部知识的素质和能力，其中，内部知识包括企业内部各部门在技术研发、服务生产、客户互动和营销策略等过程中所产生的显性知识和隐性知识；而外部知识是内部知识的扩展，是指与企业生存发展关联的技术环境和商业环境中的有关知识，外部知识以分布式状态散落在各处，能够与企业形成互补性能力和带来潜在竞争优势的知识不易追寻。企业的内外部知识要转化为企业的竞争优势，都要经历选择、吸收、内化和外化等过程。因此，内外部资源的匹配能够加速商业化过程，如果许多公司具有良好的技术创新和生产资源，但低效的整合能力仍然会导致技术商业化的失败。整合能力的提高有利于企业内外部资源间的协调和配置，它不仅会影响创新服务的利用效率，而且对匹配效率会产生决定性的作用。

现代信息和通信技术使得企业之间的知识和信息的不对称程度大大降低，交流和协调更加便捷。然而，由于本地化知识、服务无形性与隐性知识的大量存在，服务企业的知识整合能力与空间集聚存在着极为密切的关系。首先，如果将企业视为一系列知识和技术的集合体，那么服务集聚则构成了本区域的产业整体知识体系和技术框架，任何创新都是对原有产业知识体系的冲击和重构，都会受到欢迎或者改进，而集群的地理接近性加速了这一过程。同时，从知识传播的角度看，任何创新都是企业对新知识的产生、转换和传播的一系列行为，集群的地理接近性使得这些知识，尤其是隐性知识的传播与整合以更加便捷的方式进行。其次，为获取专业化经济的全球市场，专有知识与当地经济、社会和文化的结合是必要的，空间集聚为这种知识整合结合提供了物理平台和创新扩散的便利条件。再次，服务劳动力市场更加依赖于经验和技能，其多样化和专业技能更加复杂，服务集聚能够增加集群企业创新实现所需要的经验技能厚度，从而奠定服务创新实现的广泛的技能基础。最后，物理空间上的集聚能够促进相关支持性产业出现，奠定了服务创新实现的客观物质基础。

§7.3.2 服务集聚网络效应中的价值网络优化和商业模式创新

空间集聚能够有效地提升和优化生产性服务企业的价值网络。地理上的接近性能够使得组织之间交流与合作变得更容易，企业之间能够在战略联盟和供应链网络的基础之上构建 SVN。SVN 是由经济关系、知识关系和社会关系所构成的功能耦合结构，它以客户（潜在）需求满足为目标，具有战略导向、服务协同创新和价值共创等系统功能。SVN 是战略联盟网络、服务链网络、知识网络和社会网络的综合网络，企业能够从 SVN 中获取企业发展方向与战略决策、资源与能力、技术灵感与创意以及情感与社会资本支持等方面不可模仿的独特资源。空间集聚还能够通过强化在某一区域认知上、组织上、社会上和制度上的共性来达成组织知识之间的相互学习和商业模式上的改善和创新[114]。空间集群对价值网络的优化是通过增强企业之间的交互性来达成的，随着集群企业之间的交互频率以及给予对方的影响力不断加强，企业之间在社会意识、区域文化等方面的理解更加深刻，组织行为也更有默契，这对于合作创新的效率和效果，以及对不同资源能力的有效调动都非常有利。

价值网络优化对商业模式创新以及企业价值创造能力的提升主要表现在服务新产品的“扩张阶段”（expansion stage）以及新服务模式“权威阶段”（authority stage）。在服务扩张阶段，新服务被标准化，或者原有单一的服务被更有效的服务组合方式替代，其关键管理策略是使价值网络达到多单元组织所要求的临界质量，这需要很多其他成员的有效支持，构建高效的价值网络是扩张的基础和保障；而在“权威阶段”，通过竞争和不断筛选，部分企业依靠其物质资本、金融资本和社会资本，在商业生态系统中确立并巩固其领导者地位，建立依靠企业间权威、市场结构和组织间关系的复杂治理机制，并逐步进化成为成熟型的网络系统。网络成员发展的关键策略是如何使其保持其权威地位和对网络贡献的独特性，以及如何鼓励网络内部的创新和共同进化。

§7.3.3　内生型服务集群中网络效应

产业集群理论认为，发展中国家的集群升级必须依靠融入全球价值链，借助于与发达国家供应链上的交互学习进行。然而，在这种模式下发达国家处于优势地位，而发展中国家很多产业集群面临被“锁定”的风险。另外的途径则是区域创新，特定区域的服务创新特别强调本地默会知识和当地资源的独特性，这对于生产性服务业集群创新发展有特别的意义。因为服务作为一种针对独特问题的系统解决方案，与当地制度文化和经济资源往往有较强的关联，并具有时间敏感性。因此，处于集聚地的服务交互对于服务创新和商业模式创新往往具有更强的促动作用，这主要表现在以下两个方面。

首先，内生型服务集聚是协同服务的创新平台。由于服务产品的无形性和较低的研发沉没成本，使得服务集群企业可以通过与其他企业快速建立结构性联盟，获取企业创新和价值创造所需要的资源，而不需要投入大量不可逆的投资资源。内生型服务集聚的网络效应，是通过服务的频繁交互，构建企业之间较强的相互信任，从而达成隐性知识的快速传播和本地独特资源的独特应用。其次，内生型服务集聚是协同服务的应用平台。这表现在两个方面，其一，由于服务集聚的网络资源在网络结构、成员合法性资格和关系模式上具有独特性，网络资源本身提供了价值差异的基础，通过购买优异的服务，客户企业能够提升其能力素质；其二，内生型服务集聚由于更加贴近当地客户，对于客户需求及潜在需求的发展规律有着更加深入的了解，对于客户知识的外溢把握得更加准确，服务创新更具有目的性和针对性。总之，服务集聚通过网络效应提升企业价值创造能力的作用路径如图 7－1 所示。

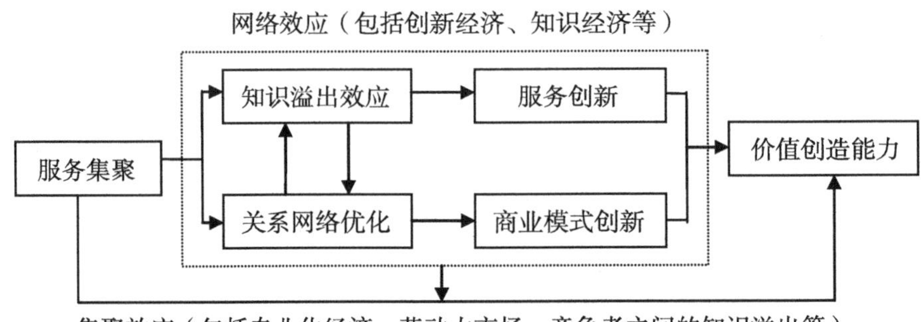

图 7－1　服务集聚的网络效应分析

§7.3.4　服务集群中网络效应对集聚效应的促进

服务集群中网络效应的服务创新和商业模式创新，其实质是通过原创性或者开发性的活动使得服务效率得以改善或者让客户产生新的体验价值。服务集群中网络效应能够在直接产生客户价值的同时，还能对集聚效应产生促进作用。这是因为服务创新和商业模式创新改变了社会生产服务的条件和结构，这些创新使得专业化水平得到转化或者迁移，使得原有的生产力被进一步激发出来。服务创新和商业模式创新本身是一种新的服务生产模式，最终要转化为常规性活动并最终为消费者提供价值，而常规性活动必然存在规模经济和范畴经济的问题。良好的创新能够对常规性活动的价值产生“乘数效应”，因为这种创新模式不但不存在使用价值的损耗问题，而且在应用中产生示范效应，产生了创新的推广。另外，服务集群中的服务创新和商业模式创新能够促进劳动者素质的提升，强化服务集群的人力资源基础；同时，这些创新使得集群内的竞争避免低端化和价格恶性竞争，创新通过提供差异性价值满足不同细分客户群体的独特需求而获得服务产品的溢价。

§7.4　网络效应对于价值创造能力作用的模型分析

上一节通过理论演绎指出，在生产性服务业集群中，网络效应是企业价值创造能力提升的关键前置要素，接下来本节尝试利用数学模型论证包括服务创新和商业模式创新在内网络效应对于生产性服务业集群演进和企业价值创造能力提升的关键性作用。近年来，有部分学者指出了产业集群中的创新网络效应对经济效率的重要影响，然而针对服务业集群网络对企业价值创造能力提升的研究却不多见。在经典经济模型中，尚未将网络效应以合适的方式纳入促进企业创造能力提升的关键要素。为此，本书将网络效应纳入增长模型中，模型共包含四个变量：首先是代表价值能力提升的产出，用 Y 表示；其次是服务企业投入的对象性资源，用表示；另外是服务企业投入的操纵性资源，为简化起见，我们用人力资源 L 表示；最后则是网络效应要素，用 I 表示。价值创造函数采用新古典生产函数形式，即

$$Y = F(K, L) \tag{7-1}$$

假设生产函数规模报酬不变，则式（7－1）可以改写成单位操纵性资源的均值，即，

$$y(t)=f[k(t)] \quad (7-2)$$

其中 $y(t)=F(t)/L(t)$ 为单位操纵性资源产出；$k(t)=K(t)/L(t)$ 为单位操纵性资源投资。

由于企业价值创造能力提升过程中的对象性资源和操纵性资源均受到服务集群网络效应的影响，如物流企业对于客户企业的个性化需求的解决方案，不仅受到企业本身资源（仓库、车辆和规划设计能力和供应链管理能力等）的影响，而且受到 SVN 中伙伴互补资源和能力的影响，并且这种影响可以通过网络关系达成。因此，网络效应对对象性资源和操纵性资源有如下影响：

$$\dot{K}=IK\cdot s\cdot Y(t)-\delta K=I_K\cdot s\cdot F(k,l)-\delta K \quad (7-3)$$

$$\dot{L}=I_L\cdot n\cdot L(t)-\gamma L \quad (7-4)$$

其中，$\dot{K}$表示服务企业对象性资源变动率；$\dot{L}$表示服务企业具有操纵性资源变动率（如人力资源）；I_K 表示对象性资源的网络效应系数；I_L 表示操纵性资源的网络效应系数；s 表示对象性资源的储存率；δ 表示对象性资源的自然折旧率；n 表示集群内操纵性资源的增长率；γ 表示操纵性资源的损耗率，如淘汰知识、不再适用的技能和集群内劳动者的迁出等。

对式（7－3）两边除以 L，得到

$$\dot{K}/L=I_K\cdot s\cdot f(k)-\delta k \quad (7-5)$$

对式（7－4）两边除以 L，得到

$$\dot{L}/L=I_L\cdot n-\gamma \quad (7-6)$$

对 $k(t)=K(t)/L(t)$ 两边求导，得到

$$\dot{k}=\dot{K}/L-\dot{L}K/L^2 \quad (7-7)$$

将式（7－5）、式（7－6）代入式（7－7）整理可得，

$$\dot{k}=I_K\cdot s\cdot f(k)-(\delta+I_L\cdot n-\gamma)k \quad (7-8)$$

式（7－8）为纳入网络效应增长模型的基本微分方程，通过该方程可以得到生产性服务企业价值创造能力增长的稳定状态，如图 7－2 所示。图中上方的曲线为单位操纵性资源产出 $f(k)$，下方曲线是单位

操纵性资源储备 $I_K \cdot s \cdot f\ (k)$，也就是生产性服务企业的价值创造能力，从原点出发的直线 $\delta + I_L \cdot\ (n-\gamma)\ k$ 表示对象性资源和操纵性资源的消耗。如果 k（0）表示初始状态的单位操纵性资源投入，Ak（0）则是初始状态下单位操纵性资源的产出，Bk（0）是初始状态下单位操纵性资源的储备，Ck（0）表示两种资源的折旧或补偿。AB 是为获取单位操纵性资源所付出努力。由于 Bk（0）$>Ck$（0），即价值创造能力的提升大于两种资源的折旧和消耗，生产性服务企业的价值创造能力仍处于增长状态，直到 k^* 所对应的 E 点结束。在 E 点，单位对象性资源的变动率 $\dot{k}=0$，网络效应处于稳定状态。

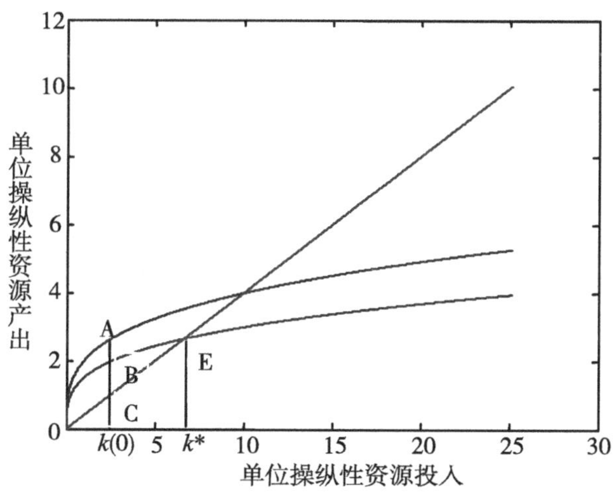

图 7－2　纳入网络效应的操纵性资源投入/产出相位

为了探讨不同的服务集聚中不同价值网络环境对稳定状态的影响，本文用数值模拟方法对于不同 SVN 环境下的均衡状态进行刻画。在参数设定上，单位操纵性资源借鉴柯布—道格拉斯形式，对象性资源的产出弹性 α 设定为 0.3，对象性资源的储存率为 0.3，对象性资源的折旧率 δ 为 0.2，操纵性资源的损耗率 γ 为 0.1。对于 SVN 环境，我们设定 $I_K=1$，$I_L=1$ 表示 SVN 网络效应处于中性水平，$I_K=0.5$，$I_L=0.5$ 表示 SVN 网络效应处于抑制状态，$I_K=2$，$I_L=2$ 表示 SVN 网络效应处于促进状态。

图7－3所示的模拟结果表明，网络效应对于SVN的价值创造能力提升具有关键性作用。当象性资源的储存率、自然折旧率、操纵性资源的增长率和损耗率都完全相等时，图7－3（c）所表示的SVN处于网络效应促进水平时，单位操纵性资源的储备，也即价值创造能力的提升约为网络效应抑制水平时的3倍，这反映了网络效应对于对象性资源和操纵性资源的吸引；而纵轴所表示的操纵性资源的产出，促进的网络效应要比抑制的网络效应高出8～10倍，这表示网络效应对于以知识、创新为核心操纵性资源具有乘数效应。因此，网络效应极大地推动了生产性服务企业的价值创造能力。

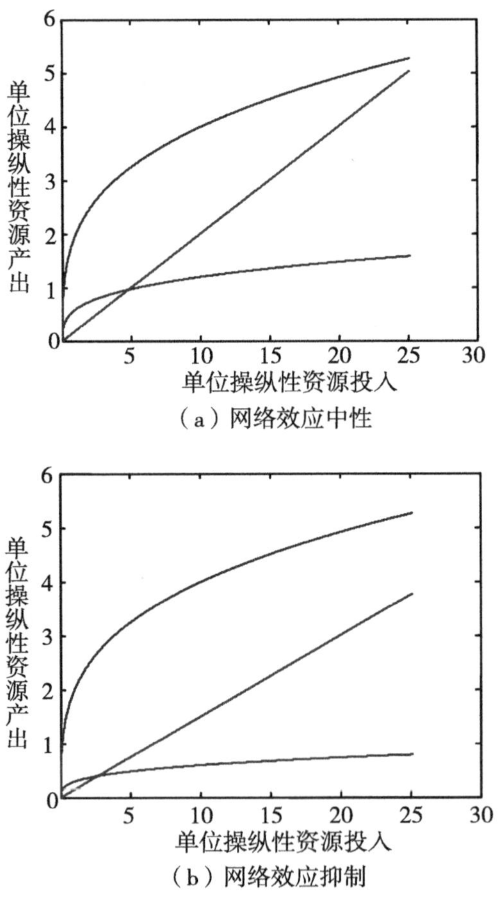

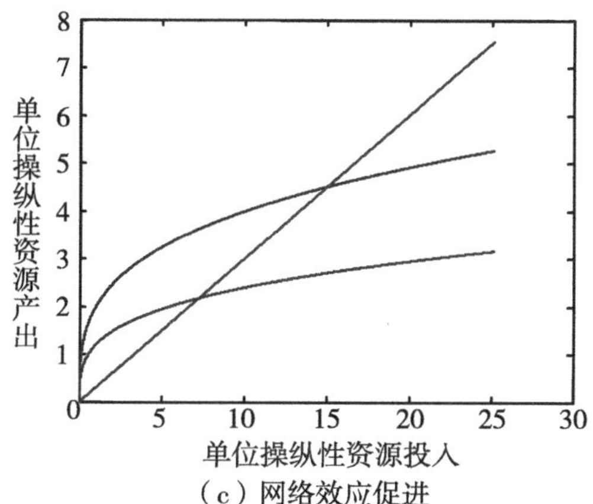

（c）网络效应促进

图 7－3　网络效应对于 SVN 价值创造能力提升的仿真

§7.5　服务集群对价值创造能力的作用路径

§7.5.1　服务集群中资源的互补与互动

从资源基础观来看，企业是建立在一个管理性框架基础之上的各类资源的集合体，其根本目的是直接利用操纵性资源或者利用操纵性资源驱使对象性资源实现客户价值，其作用路径往往是提供产品与服务的组合包。由于多数服务企业专注于发展某些核心资源与核心能力，因此互补性对于集群网络中的关系构建和系统实现客户价值有非常重要的作用。而资源互动观认为企业价值的实现过程就是在组织间进行资源优化组合和核心能力的培育的互动过程。互动观更强调组织间或网络层面上的资源组合和匹配，与利益相关者价值共创的关联性更明显。生产性服务企业核心能力在于知识、技术、管理决策和组织文化等操纵性资源，这些资源的培育过程很长，发挥作用的时间也更加持久。服务集聚为各种各类资源的组合和匹配提供了一个坚实的整合平台，企业为了创造有效的价值，需要在这个平台内将自身资源与其他企业的资源进行正确组合以获取竞争优势。

§7.5.2　服务集群中企业价值创造的协同机制

生产性服务是知识密集型和管理系统型的产业服务，其交易过程程序繁杂且难以理解，往往具有较高的环境不确定性，客户企业的感知价值具有非常规性，因此，需要搜集更多的技术信息、市场信息和社会文化信息构建协同机制。协同机制并不是一个新概念，在制造业发展和技术创新中，协同机制已经引起管理者的广泛关注。制造企业的协同机制主要关注技术协同、生产协同和市场协同。服务集聚中的协同机制的目标是通过各个组织间的相互作用，实现单个组织无法实现的新的结果和目标。具体来说，在B2B运营模式中生产性服务企业具有三个协同导向：一是问题解决导向，生产性服务所遇到问题的个性化程度往往较高，需要管理者整合企业内外的资源，创造性地解决；二是专业知识导向，需要不同种类精深专业知识的协同配合和综合运用，知识的运用既需要深度又需要宽度；三是客户互动导向，服务企业高度依赖客户资源和客户能力，与客户互动就是对客户资源和能力的整合和利用。在服务集群和价值创造中，战略协同、组织协同和知识协同是最为关注的核心内容。

在服务业发展中有许多战略决策，如品牌战略定位、目标客户争夺策略、全球服务网络构建、跨国并购整合、服务营销渠道设计、信息系统运营方式、人才体系配置等都具有举足轻重的作用，深刻影响着企业的价值创造能力。发达国家的成功案例表明，促进现代生产性服务企业发展的重点是战略决策，促进生产性服务业集群发展的重心是协同战略决策，这种协同战略突出SVN中每一个成员企业的核心优势和核心能力，而网络成员核心优势和能力的叠加和优化组合必然极大地提升客户感知价值，进而促进服务企业价值创造能力提升。战略协同的实现需要组织协同支撑，组织协同包含两个层面：一是组织架构上的协同，包括共同设定的包容性目标、彼此界定的权责和确定进行资源交互的层次和部门，在服务逻辑导向下，要求组织层级关系淡化，组织结构是扁平化的，可以灵活变化；二是组织运作上的协同，包括共同制订计划、共同执行计划和共同解决问题。组织协同将不同生产技能和专业知识相互整合，集中各个企业和各个部门的资源、特长，跨越式地组织企业间各项活动，形成相互沟通的协调机制，实现包容性发展。另外，生产性服务业在发展过程中，出现产业融合趋势，如电子商务与物流、金融的融合，高技术服务与传统服务业的融合等，在服务集聚发展中，为解决服务创新项目盲目、创新体系混乱以及服务创新的产权不易界定的问题，可以组织成立跨行业的服务协同创新中心，服务协同创新不但要从制度和技术上解决服务企业科研能力分散，科研成本过高的问题，而且要在创新服务的商业化过程中设计合理的商业模式，解决合作方的合作意愿问题。

§7.5.3　共创价值的隔离机制

在服务集聚中，对于服务协同创新和共创所产生的价值分配或者价值隔离是一个无法回避的问题，网络成员只有很好地解决了这个问题，才能获取协同创新和价值共创活动的可持续开展。共创价值的隔离包括三个方面的内容：①与竞争者价值之间的隔离，虽然服务创新的确存在不易申请专利的问题，但企业仍然可以通过知识产权、商标和版权等方式保护自身创新收益，尽量延长服务创新的使用期限。对于服务创新容易被模仿的问题，企业可以采用将服务重新凝结在有形产品中的方式，也就是“逆服务化”，通过有形产品的差异化区分与竞争者的服务产品差别。②与网络成员价值之间的隔离，SVN 成员之间应该基于贡献程度通过契约建立动态的利益分享机制。同时，在价值网络中逐步建立起权威地位的核心成员应从整体利益的角度，协调网络成员可能出现的冲突与矛盾。③与客户之间的价值隔离，企业通过建立在持续性学习基础上的不易被模仿的核心资源，能够构建具有吸引客户连续购买的足够差异，通过非竞争性价值（如便利性、声誉等）的让渡换取竞争性价值（如利润等）。另外，企业应该通过服务交互有意培养客户购买习惯，增加客户变更和转移服务供应商的转换成本。

§7.5.4 服务集群的集聚效应和网络效应发挥的支撑机制

作为一种新的经济态势，服务集群要发挥其集聚效应和网络效应，离不开制度框架的支撑与规范以及智力资本的孕育。从制度体系上来看，政府在宏观政策、区域发展策略、服务集聚区定位与规划设计、投资与税收以及综合协调等方面给予大力支持，以制度保障确保企业战略发展方向的连续性。行业协会以及跨行业组织协调机构提供资源互动的平台，开发集群内沟通平台和沟通模式，建立用户友好型外联网系统和对话机制，都能够在客观上促进集聚效应和网络效应的发挥，促进协同机制的建立和良好运转。从智力资本层面上来说，服务集聚应该以大学、科研院所为依托，设立服务协同创新平台，政府与企业共同出资进行研究人员培训、完善基础设施和环境建设，建立高效的组织机构和完善的业务流程支持服务创新项目的运作。

§7.6 服务集群中的网络效应在实践中的应用

（1）制度制定者的应用。本部分从战略逻辑导向、投入要素资源等若干个方面区分了服务业集聚和制造业集聚，利用服务消费地是否在集聚区内，进一步区分了服务集群的内生型集聚和外生型集聚两种类型。内生型服务集群更加注重服务交互性、客户体验及问题系统解决，也更加注重服务创新和商业模式创新。对于制度制定者来说，明确内生型集群的特征，能够避免政府干预模式上“一刀切”的弊端，设计具有针对性的集群网络系统演化的促进机制；同时，由于具备了网络效应的服务业集群才能“形神一致”，才有充分的创新动力，网络效应的高低应成为判定服务业集群成功与否的标准之一。

（2）企业管理者的应用。本部分区分了服务集群对企业价值创造能力提升的两种效应，集聚效应和网络效应。重点分析了包含知识经济和创新经济的网络效应，明确了服务企业要以服务协同创新和商业模式创新提升价值创造能力和企业绩效。溢出知识的吸收能力和价值共创网络优化成为发挥网络效应的关键。对于企业管理者而言，首先，在企业战略中能够明确服务企业的发展所倚重资源和战略导向，在服务本地化扩张策略等重大管理决策上能够做出正确抉择；其次，在企业运营中，能够借助于 SVN 的客户与成员之间的互动，强化知识吸收能力和动态服务链的构建能力，才能充分利用服务集群的网络效应，显著提升服务企业的创新水平；最后，网络效应是在制度要素和智力辅助组织的支持下，通过战略协同机制、组织协同机制和知识协同机制达成价值共创，通过价值隔离机制获取企业服务创新所应得到的利益。构建战略协同机制和价值隔离机制是实现服务业集群中可持续性创新的管理策略。

（3）企业与产业研究者的应用。本部分利用数理模型方法验证了网络效应的关键性效果，现象归纳和理论推演的结果得到数学推理的支持，验证了在服务集群中网络效应对于提升企业价值创造能力的作用机制，也就是网络效应是通过作用于企业的操纵性资源和对象性资源，在资源互动和互补中提升价值创造能力。

§7.7　本章小结

本章比较了制造业集群、外生型服务集群与内生型集群的不同，归纳了内生型集群的特征。在服务主导逻辑价值的共创视角下，研究生产性服务业集群所形成的集聚效应和网络效应对企业价值创造能力提升的影响机理。网络效应对于内生型集群的企业价值创造能力具有关键性的作用。服务集群中的网络效应和集聚效应通过战略协同、组织协同、知识协同和价值隔离等机制提升服务企业的价值创造能力。

第 8 章　关系嵌入对服务协同创新效应的影响研究

服务协同创新是服务企业产生价值创造能力最为主要的途径。服务协同创新是指在服务系统中，针对问题解决方案，各参与主体基于界面标准协议，通过模块化嵌入完成服务创意、服务开发和服务商业化的过程。在知识经济和服务经济背景下，服务协同创新成为服务企业扩展价值增值空间、实现向价值链升级的根本策略，同时也成为制造企业实现产品服务差异化和满足客户需求个性化的主要策略之一。然而，由于服务本身的无形性、不可存储性和与客户频繁交互的特性，服务创新经常由非技术方式主导，使得协同服务创新表现出较多不同于制造业技术协同创新的特点。既有研究表明服务创新具有不同于制造业产品创新和流程创新的特征及模式[115]。服务协同创新所涉及的创新元素也较技术创新更加广泛，经常涉及企业定位、价值观和人文环境等非技术因素，这就使得处于复杂组织网络环境中生产性服务企业协同创新具有很大的不确定性。如果直接把制造业技术协同创新理论应用到服务创新领域可能会忽视一些关键创新因素，容易形成创新系统的碎片化和割裂化，例如，可能产生“四个偏见”[116]即有形偏见、技术偏见、可复制偏见、内部偏见。因此，服务协同创新在借鉴制造业技术创新的基础上，必须结合服务特性进行专门研究。

基于关系嵌入的 SVN 是生产性服务企业进行资源配置和价值转换的基本渠道和方式。在一般情况下，基于价格的市场交换在获取组织发展所需要的通用性物质资源是有效率的，这些通用性资源包括机器设备、原材料和半成品等。而对于服务创新所依赖的关键性操纵性资源，如关键技术资源、核心能力要素和综合服务传递渠道等内容，如果经由市场交换，由于其质量判定的主观性，难以取得满意效果，而完全由自己开发则往往周期较长，容易错失市场时机。因此，构建基于信任的关系网络就成为生产性服务企业的必然选择。然而，目前我国生产性服务业发展程度并不高，创新还不够活跃，尚未形成服务创新的涌现局面，对制造业升级所提供的动力有限。因此，从关系嵌入和组织方式的角度，探索生产性服务业创新的外部影响因素及其作用机理，是具有现实意义的核心问题。

§8.1　有关概念的进一步分析

§8.1.1　服务创新

服务创新最初是由技术创新拓展而来的，其概念由 Betz 于 1987 年首先提出。他认为不同于技术创新、流程创新和产品创新，服务创新是在竞争市场上通过引入技术来引导服务的[117]。也就是说，服务创新是通过将制造业的技术引入服务领域而引起的[118]。国内学者魏江认为，服务创新是指在服务业中应用新思想和新技术来改善和变革现有的服务流程和服务产品，提高现有的服务质量和服务效率[119]。因此，早期的观点认为，服务创新是新的或改进的产品及服务，这种创新是由技术创新拓展而来的，是在服务中使用新技术或对现有服务进行更新[120]。因此，服务创新的内容包括新服务开发、服务流程改进[121]、服务营销设计[122]等。

近年来兴起的“服务主导”论认为，技术并非创新的必要维度，服务创新应更加关注非技术创新[123]。Gallouj 提出的专门化创新、预期创新和形式化创新[124]，就是开始关注创新中的顾客个性化导向、新的服务领域以及服务交付过程创新等非技术创新。因此，服务创新不仅仅发生在研发部门，也可以发生在新服务开发过程的任何部门和任何阶段，而且创新效果都能反馈到客户价值中去[125]。Hertog 和 Bilderbeek

提出了服务创新的四维度模型理论，他们认为服务创新包括新服务概念、新顾客界面、新服务传输系统和技术选择四个维度，服务创新是其中一个或者几个维度的有机结合或重组[126]，这些维度可能是技术维度，也可能是创意、流程和界面管理等非技术维度。目前，服务创新的研究重点不再强调技术主导与服务主导的区别，而是将着重点放在价值创造上，认为服务创新是将产品和服务进行重构整合而达成最优客户价值的管理范式。

文献对引起服务创新的相关因素做了一些探索。这些探索更多关注其早期革新阶段，对一些散落的活动做了一些关联，如 De Jong JP 和 Vermeulen PA 发现制度化规程与机动灵活的流程之间的平衡对于服务创新和革新非常重要。而在移动通信 SVN 中发现拥有共同目标对于服务创新也是非常重要的[127]。而解学梅认为服务企业的创新能力不仅仅受益于外部的资源获取，而且受益于长期合作所产生的信任关系[128]。Antonio 和 Luigi 对服务设计流程的重要性进行了分析，因为他认为服务设计流程的规范化对新服务的效率具有重要影响[129]。在服务产品的开发、实施和市场推广的进程中，所涉及活动具有非常高的多样性和时效性，不同资源的相对重要性在改变，隶属、依附或者支配关系与权力平衡不断被打破。由于以往对组织间网络的研究多是从静态视角进行的，其中以交易成本理论居多。这种现象使得部分学者（如 Dhanaraj C 和 Parkhe A.）呼吁要从动态网络的视角去研究组织间关系。服务创新涉及动态变化的一系列行动者（包括个人和组织），许多学者认为，服务创造可以在价值网络的范畴进行。因此，服务创新是在服务企业在其所构建的价值网络系统中，通过商业模式创新和技术创新而发现更有效率的价值创造方式，从而实现创新的多样性和整体涌现。而由于服务创新的多维性、经常性和分散性，为凝聚服务企业的核心竞争优势，网络的关系嵌入和跨企业组织方式就成了极为重要的问题。

§8.1.2 关系嵌入

组织间的关系问题一直是学者们关注的热点问题，不同学者所关注的侧重点有所不同。如经济学家关注契约和权力[130,131]，营销学家则关注关系治理和交易治理[132]，社会学家关注自我约束力，如意志力和信任等内容[133]。而从管理的角度，人们关注战略联盟[134]、价值网络[135]等。从微观基础来看，关系嵌入这种双（多）边关系和多边关系及关系模式的构成了组织网络的基础。

嵌入性（Embeddedness）概念是经济史学家卡尔·波拉尼于 1944 年在《伟大的转折》中首次提出的，其原意是指社会对经济行动的影响，即经济行动的社会嵌入性。他认为，任何经济组织或个人都会都必然与外界有一定的社会联结，都嵌入在一个多重复杂关系交织而成的社会网络之中[136]，关系嵌入或关系搭建是构建组织网络的基础。1985 年，Granovetter 对波拉尼的嵌入性概念进行了继承与扩展，他认为，嵌入概念的核心思想是经济行为受制于社会关系的影响，并认为社会关系嵌入经济的方式，主要有两大类，分别是结构性嵌入和关系性嵌入。结构性嵌入就是从网络的整体性出发研究网络结构、所处位置对行为者的影响。对于结构性嵌入，文献大多从网络规模、网络中心性、网络密度、结构洞、节点异质性和结构对等性等维度进行分别进行考察的[137]。对于关系性嵌入，Granovetter 认为应该从互动频率、感情强度、亲密程度和互惠交换四个维度将关系类型进一步划分为强关系和弱关系两类。魏江和郑小勇认为，强关系能够导致较强的组织学习与模仿，而弱关系则通过信息的获取为新知识学习提供机会[138]。关系嵌入能够影响组织间专业性信息的传递、组织间的互利、事后支持以及组织间的适应[139]。现代组织理论认为，关系嵌入是研究网络的最为重要的核心概念之一。本书将关系嵌入定义为：经济的能力、行为和结果被行动者的双边关系或者是整体关系网络所影响。嵌入性体现了交易的逻辑，它能降低交易成本，提高交易的时效性，改进整体的合约框架，实现资源分配上的帕累托优化和任务复杂性上调试。

如同个人镶嵌在自己所处的社会关系网络一样，服务企业也是镶嵌在自己所处的组织关系网络之中。镶嵌于组织关系网络中的服务企业需要不断获取资源和提升企业价值创造能力。如果将关系网络区分为个人层次、组织内层次和组织间层次，本书所讨论的则是服务企业之间及服务企业与制造企业之间的关系网络和关系嵌入属于组织间层次。这种关系嵌入是指价值网络中成员之间的相互信任、尊重、友谊和互惠性[140]。而认为相对于物质资本，关系嵌入是一种高层次资本结构。关系嵌入具有两个层次，雇员关系嵌入和组织关系嵌入，其中雇员关系嵌入是指存储于雇员心智中的涉及跨组织的产品、服务和流程等相关知识的联结[141]，另外还有雇员所感知到的，由管理制度驱动的，通过与伙伴协作所得到的价值回报[142]；而组织关系嵌入是基于这样的考虑：由于产品信任和企业间员工互动而产生的一种较高层次的学习和信息共享[143]。结合 Saxenian 和 Roel. Rutten and Frans Boekema[144] 对组织社会资本的分析，我们认为服务企业的组织关系嵌入是这样的，它是由企业间关系承载的，能够为所服务企业和本身带来特定收益和提升价值创造能力的关系链接。

对于关系嵌入的原则、功效和对创新的作用机制等问题，Romo 等在关于地区性生产网络中嵌入关系的研究中认为，网络嵌入的主体追求是满意原则而不是最大化价格原则，并且他们将着眼点从在市场交易关系中获取当下收益转向培养长期的合作关系[145]；对于组织间关系嵌入功效的研究，Saxenian[146] 认为，开放式的组织网络要比封闭式的科层组织在资源获取和信息扩散等方面更具效率，速度更快，也能够获取不同的绩效；在当代，关系嵌入逐步成为生产制造企业之间资源配置和联合创新的主要方式，这种嵌入方式对企业营运绩效和创新效应的作用是非常显著的[147]。而针对服务领域，Pi - Feng Hsieh、Chung - Shing Lee 和 Jonathan C. Ho.[148] 认为，较高层次的服务价值必须是关系网络与服务创新的结合提供的，这为生产性服务企业的协同创新提供了战略方向。生产性服务企业应该通过所构建的关系网络来完成创新的多样性和整体涌现。目前，关系嵌入对于我国生产性服务业因此对经济转型升级的促进也有待提高。因此，生产性服务创新的关系嵌入问题日益成为人们不能回避的核心问题。

§8.1.3　组织柔性

顾客需求的多样化、竞争格局的迁移以及以信息为主导的技术发展导致服务企业经营环境越来越不确定，学术界和企业管理者认为，柔性是企业应对外部环境不确定的有效方式。哈耶克认为，组织柔性化问题是社会经济在特定时空环境中快速调适的问题。彼得·圣吉认为，组织所面临的日益复杂环境、动荡的经营环境要求组织积极适应，这种适应是组织与外界其他组织不断调适的过程。在动态环境中，一个组织需要重新定位组织的资源和职能，以提供适应外部环境变化的能力[149]。Golden 等认为，针对一个企业来说，其组织柔性包括运作柔性、结构柔性和战略柔性[150]，其中，运作柔性主要涉及达成组织目标所需要的常规能力；结构柔性主要关系到组织结构、决策、信息流程的管理能力；战略柔性则涉及有关组织目标或环境的管理能力。柔性使得企业具有满足不断增长的多样化顾客需求的能力，无须增加过多的投入或者降低企业效率和效用。服务企业通过充分利用信息、模块化与多样化相结合、快速响应来应对不确定环境。

为了获得顾客所需的柔性，生产性服务企业必须不断地寻求提高整个价值链柔性的方法，价值链柔性包括从技术开发、融资、物流以及顾客订单满足等生产性服务活动。组织柔性是价值链柔性的关键维度之一。Tether 和 Tajar 认为制造企业的柔性包括两个维度：数量柔性和组合柔性[151]。Borgatti 和 Halgin 则认为柔性包括内部柔性和外部柔性，前者关注于企业拥有和可运作的技能，后者体现为顾客所关注的能力[152]。在服务业创新中，更多地依靠科学知识、技术知识和市场知识，并且相对于制造业更多采用更加开放的非正式关系连接，因此构建具有柔性和灵活性的组织结构极为重要[153]。挖掘 SVN 的资源柔性的作用主要表现在以下三个方面：①扩大服务资源和服务能力的适用范围来挖掘市场潜在需求，寻找价值创造的空间；②通过通用性技术和专用性技术的协调与配合加速资源用途转换的效率，设计通畅的价值实现渠道；③通过服务资源的模块化设计来加速资源的转换时间和强化专业的精深程度，提升价值实现的能力。

传统产业强调重大技术创新，重大技术创新无疑是推动社会经济发展的主要驱动力之一。重大技术创新的商业化和在各个产业中的应用则离不开大量的服务创新。以制造过程为核心的传统产业组织难以实现系统性的服务创新，这是因为对于重大技术创新的重视容易形成战略刚性和对服务创新的忽视。如果仅仅依靠企业本身，如果不能及时地融入客户信息和 SVN 中其他成员的有效信息，服务创新则难以实现。协同服务创新的基础是顾客信息，推动力是人的智慧和创意，对资本和技术的依赖较低，这也正是 SVN 进行柔性化的服务协同创新的优势所在。在 SVN 的组织下，顾客可以参与甚至主导服务创新过程，服务创新成为所有成员都可参与的活动。SVN 通过对顾客和周边环境信息的管理，不断发现和创造顾客的新需求并以最快的速度寻求解决方案，从而实现服务创新。总之，SVN 的柔性化组织构架和协同创新机制为服务创新和价值创造能力的提升提供了一个新的视野，这不仅为企业服务，同时也为政策制定者提供了一个崭新的思路。

§8.1.4　服务协同创新与制造业升级

近期国外开始关注服务创新对于制造业升级的作用机理。Gebauer 和 Kowalkowsk 基于产业层面，利用 OECD 数据分析了制造业与服务产业的联结强度和创新内容对于所服务产业创新绩效存在显著影响[154]。Heiko etc. 认为服务创新的关注点必须从解决方案返回到客户本身[155]。如果不以客户作为中心关注点，服务企业所采取的对原有服务持续不断地改进，实质是对服务创新的限制。Windahl 和 Lakemond 以服务主导逻辑为基础，构建服务科学的四个基本原则[156]，分别是基本资源构建原则、相关者价值定位原则、动态组合与重构原则和价值表征与交流原则，并认为服务创新要基于这四个原则，服务创新必须为客户带来根本性改变。服务协同创新相对于制造业技术创新较多采用更加开放的非正式关系连接[157]，更多地依靠科学知识、技术知识和市场知识。因此构建基于知识的交换系统和实现产品服务的一体化就极为重要。总之，这些研究发现，服务创新对于制造业升级和服务型制造模式的实现具有极为重要的作用。

制造企业进行产品和服务升级所依靠的主要资源是知识。Gummesson 和 Vargo 认为，在整个互动系统中，生产性服务企业主要起到知识的生产和传播作用，它提高了制造业价值创造能力并且得到自身的激励[158]；Vargo 和 Lusch 认为，生产性服务与制造企业基于知识的互动创新是一个被双方优势不断强化的循环累积过程[159]；Raddats 和 Easingwood 研究发现，生产性服务企业在复杂产品制造中起到协调者与知识供给者的作用[160]；Gerard 认为，利用 IT 服务技术，整合多来源知识智力是服务型制造企业的发展趋势[161]。在复杂性产品的提供过程中，知识已经逐步替代资本、劳动成为最关键资源。因此，制造企业在产品和服务升级中，必须关注与生产性服务企业的交互关系和异质性知识。

同时，目前中国正处于制造企业转型升级的关键时期，也处于经济范式的转变和商业模式的变迁中，制造企业针对客户需求的服务化改造是一个必然选择。而由于制造企业一体化模式的解构和归核化策略的实施，服务创新的实施更多是在生产性服务企业中进行，因此关注制造企业的 SVN 就极为重要。目前对于中国制造企业的 SVN 研究中，其构造特征与运营模式、服务升级策略与途径都尚不清晰[162]。服务协同创新对于制造企业升级的作用路径和知识管理问题，现在的研究还不够深入，存在弥补空间。

§8.2　服务协同创新的理论分析

§8.2.1　综合升级服务的协同创新环境

在服务系统内部的每一个行动者都是在特定的社会、文化、经济和政治环境中进行的，服务创新活动离不开组织所生存的环境，这种环境包括技术、社会、经济和政治等。服务创新的本质就是以满足顾客多样化的需求为核心，通过利用技术和非技术方法为市场提供新服务或对既有产品或（和）服务进行改进。创新性服务的研发和提供越来越需要不同的组织在复杂组织网络环境中进行。复杂组织网络的协同创新能够满足多样化升级服务的需求。

现代服务协同创新处于动态网络环境中，其创新首先表现在服务的无形性和客户交互性。除此之外，还表现出其他鲜明的特性：一是集成服务产品的提供，某些服务集成商对原属于不同领域的服务功能进行整合，提供一体化的整合服务，这种服务的组合和整合减少了服务使用者搜寻和学习的时间成本，极大地便利了服务使用者；二是服务提供者之间的协调和协同，服务供应商为了向顾客提供整体解决方案，往往利用信息通信技术（ICT）技术对服务提供商进行系统整合和组织协调，充分发挥服务网络所具有的异质性特征，充分利用网络成员的专业知识和服务能力；三是现代服务创新所包含的专业知识越来越深化，服务的知识密集特性不仅仅表现在高技术服务行业，在传统服务行业中也在不断增加和渗透精深的专业知识。此外，在服务创新中，文化和价值观的嵌入更加明显，现代社会的消费者对于服务产品的要求，不仅仅涉及服务质量、成本、可得性和及时性等经济诉求，而且涉及文化元素和价值观认同的诉求。而服务创新的最终目的，其实并不在产品和服务本身，而是从产品和服务中所获得的收益和价值，而这种收益和价值不仅仅表现为经济价值，还表现在经济、社会、文化等综合价值。对于 SVN 及其成员来说，综合升级服务所涉及的管理要素、管理模式和资源整合途径更加复杂。然而，在现实经济生活中，由于关系嵌入多涉及隐形资产或资源，交换主体、服务过程及结果都有很大的不确定性，并且服务绩效难以准确测量和计算，因此实际操作中，很容易出现嵌入关系的失败或失效。

§8.2.2　服务协同创新的主体模式

1. 双边或多边服务创新

在生产性服务外包和服务型制造模式下，创新常常表现为不同企业和组织在复杂和动态的网络环境内协作进行。双边或多边服务协同创新或者联合创新逐步成为创新的主要方式。协同创新方式成为主要创新方式有其深刻的原因。首先是当代产品设计、开发和商业化的生命周期的缩短，市场追随者的模仿，使得任何一家企业都难以承受独立开展一项综合创新所需要的时间和开支；其次是现代专业分工的精细，使得任何一家庞大的公司都无法垄断创新所需要的知识。由于创新经常使用各种异质性知识交叉和融合，因此，协同创新往往会出现异彩纷呈的局面，而进行自我封闭，或者仅限于某一学科甚至于某一领域的创新则异常艰辛。

制造企业和生产性服务企业的创新不仅仅是开发新产品，更包括新的服务、新的运作流程、新的组织结构、通向市场新的途径等。双边或多边服务创新经常涉及两个或两个以上的企业或组织，并且协同服务创新经常以一种战略同盟或者服务链的方式自然展开。这些创新的实现是一个交互过程，需要制造企业和生产性服务机构及其他组织的交叉互补创意和协同并行工作。而服务协同创新的表现就是 SVN 创新系统成果涌现的活跃程度，在客观上展示为价值创造能力和协同创新绩效的提高。它既表现为发明专利的申请和应用、新产品推出等技术创新绩效，又表现为产品到达消费者的渠道、产品与服务的整合方式等管理创新绩效，甚至还包括企业战略、文化制度和经营方针的调整。双边或多边协同创新作为一项目的性动态能力，其成功与否受到交互企业的资源状况、学习能力、合作能力和共同开发客户能力等多方面的影响。

2. **服务平台创新**

SVN 是生产性服务业的一种新的跨企业、跨产业组织形态，是促进信息和知识交流与合作的新兴模式。SVN 不仅是交易达成、服务模块优化组合的组织模式，而且在 SVN 内部，某个个体行动者由于自身创新的基础性地位，还会自然成长为服务创新平台企业。服务创新平台不仅能够对共性服务和基础服务进行系统整合和创新，而且依据服务平台和各种服务模块的灵活调整，大批量地为各种碎片化、片段化的个性化服务提供系统解决方案。SVN 通过服务平台创新，能够成功地解决了平台服务和功能服务两种服务的衔接问题，平台创新是解决了平台上的海量信息向个案操作的过渡，使网络成为在业务操作方面非常务实的服务组织。同时，通过 SVN 的平台创新，可以将政府的创新战略、企业的创新需求和社会创新资源有机地整合起来，形成使各类创新要素协同服务的手段，营造创新的优质服务环境，围绕企业创新的各个环节提供多样化服务，促进科技成果的产业化，实现多方价值，提升企业创新能力和价值创造能力，对促进生产性服务业的发展和建设创新型区位具有十分重要的作用和意义。

SVN 的创新平台，最初起源于为顾客设计的交易平台。由于信息不对称导致有形商品或服务产品从制造过程到顾客使用过程存在大量交易成本，借助某种平台进行交易能够达成交易成本的降低。而交易平台以向双边或某一边客户提供交易性服务为主要运营模式。如以电子商务为代表的网络交易平台为产品的供需方提供了在线信息交流的环境，节约了交易成本，信息交流效率也大大提高，从而进一步吸引了大量企业和消费者利用平台进行交易。而在云经济时代，SVN 的构建，使得顾客的使用过程上升为价值创造活动的核心环节，因此客户信息和客户知识本身成为最有价值的资源。具有战略思维的企业发现顾客的行为习惯、消费偏好等信息都蕴含着巨大价值，通过一定方式聚集顾客成为价值创造过程的重要组成部分。这些企业一方面构建功能丰富的平台，通过为客户提供交易空间、知识互动平台、即时通信、信息资源，以及精神文化等服务能够不断吸引客户进驻并留在平台，形成由多种类型价值群体所构成的创新平台。另一方面创新平台整合自身的和其他组织的服务资源，形成持续为顾客提供增值服务的创新能力，并将增值服务作为收益来源。这样，由服务平台企业、平台产生的价值群体和平台整合的社会资源及其环境共同形成服务价值生态系统的动力体系。构建 SVN 的平台企业作为中枢企业，其核心作用并不是投巨资于硬件建设，而是像神经中枢一样，通过组织、协调和数据挖掘等方式充分利用顾客信息和社会资源，设计运行规则，维护系统运转，促进价值创造生态系统成长，并不断拓展价值空间。最初构建价值生态系统的中枢企业可以是规模大、实力强的实体企业，例如，形成纵横交错、遍布全国的第三方物流企业就非常适合构建服务创新平台。关系嵌入作用于协同创新的模式如图8－1所示。

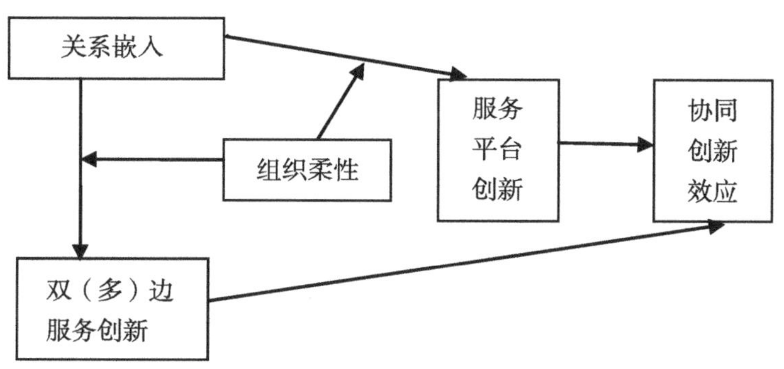

图 8－1　关系嵌入作用于协同创新的模式

§8. 3　关系嵌入对服务创新的作用分析

§8. 3. 1　关系嵌入模式对服务创新的作用

关系嵌入的模式要素和作用于服务创新的路径等问题已成为令人感兴趣的问题，具有较强的现实意义。

关系嵌入的实质就是组织之间的互动，是对行动者之间相互联系的研究。行动者之间的互动联系既包括在经济行为中为对方利益的考虑，也包括在关系中的行为表现，例如，对冲突的处理、对信任和信息共享的认知等。关系嵌入程度与关系纽带的质量和深度有关，主要包括共同目标的确定、联合解决问题的程度、网络成员的彼此信任程度、以知识和信息为核心的资源互补和资源共享程度等维度。Mikkola 探究了服务资源嵌入的内涵，认为生产性服务在产品开发、零部件功能提升、工艺流程改进或者服务增强的过程中，为制造企业提供以知识、信息、投资和创意为主体的资源，实现了任务和完成了既定责任[163]。刘明宇等认为，服务企业通过关系网络嵌入，能够在信息交换和知识分享中提升了价值链的整体效率[164]。关系嵌入通常会产生经济的外部性，并通过多次博弈、重复嵌入等方式使组织获得通过市场交换所不具备的优势[165]。Tsai 和 Nahapiet 等的研究表明，关系嵌入对于组织知识学习和智力资本具有重要作用，这些组织资本和智力资本是进行技术创新和管理创新所需要的主要资源。然而，如果产生过度性关系嵌入，则会产生对组织经营绩效的产生不利影响[166]。

生产性服务嵌入制造企业价值网络的方式，主要有两种：一是以提高制造企业专业化水平的结构性关系嵌入；二是获取资源配置效率的互动性关系嵌入。在这里，我们所讨论的生产性服务，既包括像是从事物流服务、银行服务、保险服务、商务及信息服务和高技术服务的企业所提供的服务，也包括像是高校、科研机构、政府服务部门等为生产运营所提供的知识服务和政策服务。

1. 结构性关系嵌入

结构性关系嵌入主要研究网络参与者相互联系的多维总体性结构问题。在 SVN 中表现为生产性服务企业的异质性和对于共同目标的联合解决程度。因此，生产性服务对于制造企业的结构嵌入性，可以从异质性和共同目标进行区分和衡量。

首先，从异质性的角度来看生产性服务嵌入的多样性。生产性服务从提供功能来看，可以区分为金融服务、物流服务、信息及商务服务和高技术服务等大类，其中任何一大类又可以进一步划分成各种细类。而从涉及知识技术的程度看，任何类别都有专用性技术和通用性技术之分。与一个企业签订长期契约的生产性服务的类别、数量与技术水平的高低，能够影响到这个企业知识网络中的知识存量与结构。

其次，SVN 作为一个系统，必然具有系统的整体目标和整体利益。从系统的功能性目标上看，是否进行联合解决问题及其联合解决问题的程度能够代表生产性服务嵌入制造系统系统的深度。服务性制造企业所提供的最终产品，是凝聚了众多专业性知识的产品和服务的聚合体，并且这种聚合体从设计研发、生产运营、产品和方案传递到最终客户的使用过程都需要不同主体和属性的各类企业的深入参与。因此，问题发现、问题诊断和问题解决都会涉及不同企业，联合解决问题被认为是现代经济和社会系统必须具备的功能之一。生产性服务作为制造企业服务的中间性组织，也必须深入参与到制造企业的整体解决方案中，才能真正发挥其在专业深度上的优势。因此，得出以下观点：

H1：结构性关系嵌入对于生产性服务企业的服务协同创新效具有显著影响。

H1. 1：结构性关系嵌入对于物流企业的服务协同创新效具有显著影响。

H1. 2：结构性关系嵌入对于金融服务企业的服务协同创新效具有显著影响。

H1. 3：结构性关系嵌入对于商务服务企业的服务协同创新效具有显著影响。

H1. 4：结构性关系嵌入对于技术服务企业的服务协同创新效具有显著影响。

2. **互动性关系嵌入**

互动性关系嵌入研究的是网络参与者相互联系的二元互动关系，是指互动双方相互理解、信任和承诺的程度。表现在生产性服务与制造企业的信任、资源共享和联结强度。对于生产性服务关系性嵌入于制造企业知识网络中，其考虑和考察范围包括信任维、资源维和关系维三个维度。

首先，在现代企业的运营中，信用和信任成为交易关系达成、契约执行的基石，尤其是涉及高专用性资产投入的不完全关系契约。生产性服务是知识密集性产业，具有极高的资产专用性，依靠契约和合同不可能囊括所有未知的可能性。在这种情况下，信任机制作为一种有效的机制，能够减少契约执行中的机会主义行为和创新中的不确定性。在生产性服务组织嵌入制造企业时，相互信任的关系不但能够降低运营过程中不确定和交易成本，而且能够寻找更多的合作机会，创造性地开展和执行自己的模块或任务。

其次，管理的资源观认为，企业是所拥有和所控制的资源的有机集合体，这些资源包括有形资源、无形资源和组织资源等。资源共享程度是描述生产性服务企业与制造企业之间通过正式或者是非正式途径进行物质资产、知识信息、人力资源等要素共享的程度。生产性服务组织中的资源，特别是优质的知识资源的共享能够使制造企业在知识存量上扩大规模、在动态能力上提升企业素质、在可控资源上扩大利用范围，实现制造企业知识存量的积累和创新能力的提升。因此，生产性服务资源共享的方式和程度，能够影响制造企业的知识结构和资源配置方式，从而影响生产性服务企业和制造企业双方的服务创新能力。

最后，社会网络理论将联结关系分为强关系和弱关系，关系强弱是描述特定双方进行交互的程度。学者普遍认为，强关系在信任产生、降低交易成本和运营成本等方面的作用突出。但是 Hulsink 等关于强弱连带对于组织创新之间相互关系的研究得出如下结论：弱联结和具有结构洞的松散网络对激进式创新的发现最有利，而强连带和密集型网络对于渐进式创新的实现最有利[167]。通过前述分析我们知道，服务创新中大部分是由非技术主导的渐进性创新。因此，强关系中所包含的成员间的情感契约有助于降低特定关系中的交易成本，形成成员企业高度的内聚性与行动协调性[168]，这对于服务创新来说是极为重要的。我们认为，在目前市场机制尚未健全的情况下，在生产性服务创新过程中，强关系不但能够在复杂的隐性知识的传递中具有明显优势，而且能够在异质性信息传递和商业机会挖掘中获取更加真实和有用的信息。同时，强关系的所达成的默契行动能够减少行动者之间的不确定性所造成的风险。所以，生产性服务嵌入制造企业的关系强度增加，能够增强服务创新绩效和双方的经济效益。因此，通过前述分析得出以下观点：

H2：互动性关系嵌入对于生产性服务企业的服务协同创新效具有显著影响。

H2.1：互动性关系嵌入对于物流企业的服务协同创新效具有显著影响。

H2.2：互动性关系嵌入对于金融服务企业的服务协同创新效具有显著影响。

H2.3：互动性关系嵌入对于商务服务企业的服务协同创新效具有显著影响。

H2.4：互动性关系嵌入对于技术服务企业的服务协同创新效具有显著影响。

§8.3.2　资源要素投入类型在关系嵌入对服务创新中的作用

1. 对象性资源要素投入

桑切斯认为，组织资源应该包括对象性资源和操纵性资源两个方面[169]。传统管理理论对于对象性资源非常倚重，并将企业的管理活动与经营活动区分为两个不同的领域，管理活动是一个组织内部通过科层、命令和激励进行资源配置的，而经营活动则是通过价格机制进行供需调节获取资源的，通过权威的内部配置方式与通过价格的外部配置方式被认为是两种典型获取资源途径，分别有着各自的运营机制。其实在实践活动中，这两种运营方式确实难以完全分割，尤其是随着知识经济和服务经济的深入发展，组织的边界变得难以辨别，许多对象性资源配置的方式不能简单用内部配置和市场配置区分，组织网络配置方式开始显现，通过关系嵌入获取对象性资源的在某一阶段的使用权成为最为有效的资源配置方式。组织间的关系资本与关系网络成为研究管理理论及实践的重要范式。

2. 操纵性资源要素投入

操纵性资源是组织间进行资源调配和协调中表现出来的一种能力或潜能，是由组织可支配资源的外在柔性和在一系列行动方案中运用这些资源的能力共同决定的，它以组织可支配资源或能力为基础。操纵性资源要求灵活性与多样性相统一，要求变革和创新，并且内含活力与弹性机制。组织间的协作柔性是服务经济区别于工业经济的显著特征，现代服务生态系统经常把原来毫不相关的价值创造者联系起来，创造更加有效率的价值创造方式，为客户提供最大化的价值。生产性服务关系嵌入，其实质是通过操纵性资源的灵活运用，达成业务链接的相互磨合和相互信任、资源共享和关系匹配状态，并且这种关系嵌入随着长期合作更加具有弹性和柔性。生产性服务企业的关系性嵌入主要涉及制造企业直接价值增值环节中的非核心业务，如物流服务、融资保险、商务服务、设备维修与管理、技术服务和客户关系管理等领域。这种关系资源主要通过专业化知识分工和各种技能技巧来发挥优势的，而这些知识和技术就是操纵性资源。关系嵌入的生产性服务与所服务企业价值在直接增值环节联系密切，通过协作与合作为共同客户提供整体解决方案和客户价值的。

操纵性资源能够达成组织柔性，组织柔性包括资源柔性和能力柔性。其中资源柔性是指资源可以灵活调配的程度，主要包括资源的适用范围、资源用途转换的难易程度、资源用途转换时间三个方面。组织中的资源柔性通过能力柔性发挥作用，而能力柔性是指企业在应对环境变化的过程中，采用探索式的方式发现新资源，并加以开发、配置和整合，以使资源发挥更大价值的能力选择范围。操纵性资源通过资源柔性和能力柔性在两个方面发挥着效力。其一，操纵性资源使得合作和协同变得更加灵敏，整个服务网络顺应市场快速转换。并且在此过程中，逐步形成经营理念的认同，使得服务模块与生产模块之间不仅仅具有模块之间的标准化，而且将模块“拟人化”，使其具有人性化特性。从而使得创新概念、界面、传递方式得到优化，效率得以提高。其二，生产性服务企业在服务创新中，不仅仅关注以制造企业为主体的服务购买者，而更加关注服务使用者——最终用户，而组织柔性则提供了生产性服务企业、服务购买者和最终用户结合的协调机制。因此，企业能够从多方位接触顾客，从而加速服务创新的商业化过程。总之，操纵性资源通过对企业各类资源的不断深入理解、对于机会的动态识别和把握，以及对环境变化及时反应来调整服务创新的效率与效果。

因此，综上所述，得到以下假设：

H3：对象性资源要素的投入对于生产性服务企业的服务协同创新效具有显著影响。

H4：操纵性资源要素的投入对于生产性服务企业的服务协同创新效具有显著影响。

H5：操纵性资源要素的投入增量对于生产性服务企业的服务协同创新效具有显著影响。

§8.4　关系嵌入对服务协同创新的实证分析研究

§8.4.1　计量模型的构建

经典的 C－D 生产函数通过资本和劳动研究产出。我们借鉴由此推广的产出约束模型[170]和投入约束模型[171]，分析关系嵌入对协同服务创新效应的作用及是否在生产性服务业中存在行业差异。

首先，建立产出约束模型。基于 C－D 生产函数的协同服务创新效应函数为

$$Y_{it} = AK_{it}^{\alpha}L_{it}^{\beta} \tag{8-1}$$

其中，下标 i 和 t 分别表示所调查生产性服务企业和时间。Y 为产出，在这里表示服务协同创新效应，K 为对象性资源投入，L 为操纵性资源投入，A 为在服务协同创新中不能被企业自身投入资源所解释的内容和要素。α 和 β 分别表示对象性资源的产出弹性和操纵性资源产出弹性。

在这里，以掌握专门知识的专业人才来代表操纵性资源，其边际收益等于其报酬收入，而对象性资源是指服务设施设备，其边际收益等于其租金，即

$$MRPL = MPL.\ MR = v \tag{8-2}$$

$$MRPL = MPK.\ MR = r \tag{8-3}$$

将式（8－2）和式（8－3）代入式（8－1）得

$$Y_{it} = A\left(\frac{\alpha L_{it}}{\beta}\frac{v}{r}\right)L_{it}^{\beta} \tag{8-4}$$

对式（8－4）两端取对数，得到操纵性资源的需求公式为

$$\ln L_{it} = \psi_0 + \psi_1 \ln(v/r) + \psi_2 \ln Y_{it} \tag{8-5}$$

其中，$\psi_0 = -(\ln A + \alpha\ln\alpha - \alpha\ln\beta)/(\alpha+\beta)$，$\psi_1 = -\alpha/(\alpha+\beta)$，$\psi_2 = 1/(\alpha+\beta)$

由于各类技术不断推陈出新，随着时间的推移，服务企业不断学习和接受新的技能技巧，这些技能技巧的学习和组织的关系嵌入是相关

的。参数 A 可以表示为

$$A_{it}=e^{\pi_0 T_i}Z_{it}^{\pi_1}X_{it}^{\pi_2}，\ \pi_0，\ \pi_1，\ \pi_2>0 \tag{8-6}$$

其中，T 代表时间推移趋势，Z 代表结构性关系嵌入程度，X 代表互动性关系的嵌入程度。

将式（8-6）代入式（8-4）中，然后两边取对数得到操纵性资源的产出约束模型

$$\ln L_{it}=\psi_0^*-s_0T-s_1\ln Z_{it}-s_2\ln X_{it}+\psi_1\ln\ (v/r)\ +\psi_2\ln Y_{it} \tag{8-7}$$

$\psi_0^*=-\ (\alpha\ln\alpha-\alpha\ln\beta)\ /\ (\alpha+\beta)$，$s_0=s\pi_0$，$s_1=s\pi_1$，$s_2=s\pi_2$，$s=1/(\alpha+\beta)$

其次，参考 castro[171] 建立的基于企业利润最大化中的劳动因素模型，构建操纵性资源产出最大化的投入约束模型。

$$L_{it}=BR_{it}Y_{it}/v_{it} \tag{8-8}$$

这里 R_{it} 代表第 i 个生产性服务企业第 t 期的基于知识的操纵性资源价格。

将式（8-1）代入式（8-8）中：

$$L_{it}=BR_{it}\ (AK_{it}^{\alpha}L_{it}^{\beta})\ /v_{it} \tag{8-9}$$

从式（8-9）中解得生产性服务企业的操纵性资源需求为

$$L_{it}=\ \{BR_{it}AK_{it}^{\alpha}/v_{it}\}^{1/(1-\beta)} \tag{8-10}$$

$A_{it}R_{it}$ 的在这里的作用相当于第 i 个企业在第 t 期的结构性关系嵌入程度和互动性关系嵌入程度。

$$A_{it}R_{it}=e^{\omega_0 T_i}Z_{it}^{[\omega_1+(1/\theta^z)]}X_{it}^{[\omega_2+(1/\theta^x)]}，\ \omega_0，\ \omega_1，\ \omega_2>0 \tag{8-11}$$

θ^z 代表结构性资源关系嵌入的需求弹性，θ^x 代表互动性资源关系嵌入的需求弹性，ω_0 代表全要素资源转化率（TFP），ω_1 代表 TFP 关系嵌入资源的投入弹性，ω_2 代表 TFP 关系嵌入资源的产出弹性。

将式（8-11）代入式（8-10），并等式两边取对数得：

$$\ln L_{it}=\alpha_0+\alpha_1\ln K_{it}+\alpha_2\ln v_{it}+\alpha_3\ln Z_{it}+\alpha_4\ln X_{it}+\alpha_5 T+\varepsilon \tag{8-12}$$

比较产出约束模型式（8-7）和投入约束模型式（8-12）发现，式（8-7）中结构性关系嵌入和互动性关系嵌入只通过全资源要素转换率这一路径影响服务协同创新效应，而式（8-12）中结构性关系嵌

入和互动性关系嵌入可以通过全资源要素转化率和以知识为核心的操纵性资源投入等因素影响服务协同创新效应。服务创新受对象性资源和操纵性资源供给的约束，资源要素的供给水平影响服务创新水平，从而作用于协同创新效应。投入约束模型中的解释变量包括对象性资源要素，所以它可以衡量资源型关系嵌入或互补型关系嵌入对服务创新效应的影响，同样也可测量基于信任的互动型关系嵌入对服务创新的影响。考虑到目前中国生产性服务企业的发展阶段和特征，也就是目前中国生产性服务业发展注重投资导向及重视学习国外经验，相对轻视对服务业从业人员的培训投资和相对忽视了自己本身的创造能力。同时处于不同产业中的生产性服务业的创新能力可能存在不平衡的状况，为比较只通过全资源要素转换率路径和通过全资源要素转换率及以知识为核心的操纵性资源投入等影响因素路径下的关系嵌入对服务协同创新效应的行业差异，分别对产出约束模型和投资约束模型进行估计，以求更准确地衡量关系嵌入对协同创新效应的行业差异特征。

§8.4.2　数据收集与说明

变量测量的准确程度对估计结果会产生一定的影响，因此有必要说明代表每一变量相关数据的测量方法。以下是每个变量的测量方法和数据来源：

1. 问卷调查

本研究关注生产性服务企业的关系嵌入对所嵌入企业（可以是制造企业，也可以是服务企业）服务创新效应的影响，由于服务创新特别关注客户交互和客户价值的实现，因此，从客户角度进行评判较为客观。本研究依托山东某大学的国家社科重大项目“组织关系嵌入的演化分析和治理机制”，该项目数据的来源主要有两部分，一部分充分利用该大学教师、EMBA 学员、有工作经历的企业管理、管理科学与工程硕博士的社会网络，通过上门调研、发放问卷和电子邮件等方式，于 2010 年、2012 年、2014 年分三次进行调查。2010 年向北京、天津、山东、江苏、上海、浙江和广东等东部较发达地区企业发放问卷 1000 份，每份问卷的设计都是回答2010年和2009年两年的对比情况，2012年则向2010年回复的企业再次发放问卷，2014年向2012年回复问卷的企业重新发放问卷，最终三个问卷全部收齐的有171份，其中有效问卷166份，有效回收率16.6%；由于从2010年就注意到时间序列问卷回收的困难，该项目同时还委托市场调查公司进行同样的调查，收到有效市场问卷158份。这样总共得到324份有效答卷。由于问卷所涉及组织间关系和服务创新等战略问题，问卷调查的对象主要涉及客户企业中高层管理者。

2. 衡量指标的确定

对于服务创新效应的考察，我们遵从Hertog和Bilderbeek开发的四维度模型理论，并将这四个方面进行分析，并认为新服务概念、新顾客界面和新服务传输系统三个维度主要是由客户驱动的服务创新驱动，技术选择主要由技术驱动的服务创新驱动。由于本节并不深入探讨这种差异，后面的分析中忽略了客户驱动和技术驱动的可能存在的差异。服务协同创新效应的衡量指标如表8－1所示。

表8－1　服务协同创新效应的衡量指标

<table>
<tr><td rowspan="5">服务
创新
效应</td><td rowspan="3">客户驱动</td><td>服务企业总能够准确理解所需新服务的本质要求</td></tr>
<tr><td>服务企业能够及时把握我们所需服务的特殊方面</td></tr>
<tr><td>服务企业所提供的接触界面让我们感到便捷</td></tr>
<tr><td rowspan="2">技术驱动</td><td>服务企业主动采用专业新技术以适应我们需求的变化</td></tr>
<tr><td>服务企业能适时的采用现代IT新技术</td></tr>
</table>

在结构性嵌入的衡量中，我们接受Dhanardj的观点，从资源异质性和共同目标两个方面开发量表以考察这种互动关系[172]，结构性关系嵌入的衡量指标如表8－2所示。

表8－2　结构性关系嵌入的衡量指标

<table>
<tr><td rowspan="5">结构性
关系
嵌入</td><td rowspan="3">资源
异质性</td><td>服务企业的核心能力是本企业不可缺少的</td></tr>
<tr><td>本企业在战略上没有向该服务领域发展的规划</td></tr>
<tr><td>该服务企业是合作伙伴而不是竞争对手</td></tr>
<tr><td rowspan="2">共同目标</td><td>高层领导定期进行共同规划</td></tr>
<tr><td>与服务企业员工分享企业愿景</td></tr>
</table>

在互动性关系性嵌入的衡量中，我们接受 Dhanardj 的观点，从信任度、资源共享程度和联结强度三个方面开发量表以考察这种互动关系[173]，互动性关系嵌入的衡量指标如表 8 －3 所示。

表 8 －3　互动性关系嵌入的衡量指标

<table>
<tr><td rowspan="8">互动性关系嵌入</td><td rowspan="2">信任度</td><td>对服务企业的信誉评价很高</td></tr>
<tr><td>与服务企业合作的时间很长</td></tr>
<tr><td rowspan="3">资源共享程度</td><td>与服务企业进行信息共享种类很多</td></tr>
<tr><td>与服务企业有较多知识交流</td></tr>
<tr><td>遇到问题时，联合双方力量进行解决</td></tr>
<tr><td rowspan="3">关系强度</td><td>在运营中，彼此员工的接触频率很高</td></tr>
<tr><td>服务企业具有负责任的员工</td></tr>
<tr><td>在一起合作时，彼此员工感到很默契</td></tr>
</table>

对于对象性资源投资和操纵性资源投入，我们结合桑切斯的理论[174]，通过与部分管理者的深度会谈，从研发、培训、招聘和作业流程改善等方面，最终确定了三个对象性资源投入、四个操纵性资源投入的衡量题项，并通过了小规模测试。对象性资源投入、操纵性资源投入的衡量指标如表8 －4所示。

表 8 －4　对象性资源投入、操纵性资源投入的衡量指标

<table>
<tr><td rowspan="3">对象性资源投入</td><td>生产性服务企业在设施设备上的投资力度</td></tr>
<tr><td>生产性服务企业招收基层新员工</td></tr>
<tr><td>生产性服务企业标准化作业流程改善</td></tr>
<tr><td rowspan="4">操纵性资源投入</td><td>生产性服务企业对拥有的关键知识资源的投资开发力度</td></tr>
<tr><td>生产性服务企业对员工的培训力度</td></tr>
<tr><td>生产性服务企业对高级技术管理人才的引进力度</td></tr>
<tr><td>生产性服务企业参与行业组织的频次和层次</td></tr>
</table>

§8.4.3 量表信度与效度分析

信度是指利用测量指标所得结果的稳定性和一致性，量表的信度越大，所得结果的标准误差就越小。一般用 Cronbach's alpha 指数对信度进行检验，按照经验判断，如果 Cronbach's alpha 大于 0.7，就表示具有较高信度。本研究各量表的 Cronbach's alpha 值均大于 0.7，且问卷的内部一致性系数为 0.87，表示问卷整体具有较高信度。

效度是指测量工具准确测量对象事物的程度。目前常用的效度分析方法是构建效度，通过对量表进行 KMO 检验和 Bartlett 检验，结果表明，KMO 为 0.902，累计因素的解释量绝大部分大于 0.7，表明量表的构建效度良好。

表 8－5 统计了各变量的描述性统计值。

表 8－5　变量的描述性统计

变量	均值	最大值	最小值	标准差	样本数
ln*L*	7.460	8.762	5.324	0.836	1944 = 324 * 6
ln*Z*	2.273	5.715	1.580	1.497	1944 = 324 * 6
ln*X*	1.944	3.674	1.536	1.254	1944 = 324 * 6
ln*v*/*r*	10.030	13.782	8.567	1.364	1944 = 324 * 6
ln*Y*	7.205	8.783	3.571	1.972	1944 = 324 * 6
ln*K*	8.516	12.196	5.145	1.409	1944 = 324 * 6
ln*v*	8.670	10.427	7.438	0.616	1944 = 324 * 6

各企业的关系嵌入程度存在较大差异，如样本期间内所调查企业 ln*Z* 最小值为 1.580，是山东某物流公司 2009 年的结构性关系嵌入，而在 2013 年北京某银行机构的结构性关系嵌入程度最大值为 5.715。样本期间 ln*X* 内的最小值 1.536，是浙江某高科技服务公司在 2010 年的互动性关系嵌入程度，而上海某供应链咨询公司在 2013 年互动性关系嵌入程度最大值为 3.674。从整个样本期间内的均值来看，技术服务业 ln*Z* 和 ln*X* 的均值分别为 1.886 和 1.708，而商务服务业 ln*Z* 和 ln*X* 的均值分别为 2.643 和 2.115，物流服务业的 ln*X* 的均值为 2.069，而金融服务

业的结构性关系嵌入均值 ln$Z$ 为 1.842，具有较大的差异。

§8.4.4　计量检验与实证分析

结合所得到的面板数据，本部分将采用前述模型式（8－7）和模型式（8－12）进行估计。由于面板数据对截面处理的不同特定效应，可以划分为固定效应模型和随机效应模型，并根据 Hausman 检验结果判定选择固定效应模型。本文利用最小二乘法对模型式（8－7）和模型式（8－12）进行静态估计，并对估计结果进行分析解释，得出本文的基本结论；然后对模型式（8－7）和模型式（8－12）进行动态分析，并结合估计内生性问题对本文基本结论的影响。

1. **基本估计结果**

表 8－6 统计了在产出约束下，应用固定效应模型的回归结果。

表 8－6　基于产出约束模型的面板固定效应回归结果

	全样本	物流	金融	商务	技术
C	7.145***	7.568***	6.765***	6.401***	5.126**
	(51.67)	(52.19)	(27.58)	(19.41)	(19.72)
T	0.017***	0.019***	0.008*	0.012**	0.008*
	(7.21)	(6.98)	(1.31)	(1.59)	(2.54)
ln$Z$	0.012**	0.018**	0.032***	0.002*	−0.004*
	(2.34)	(2.46)	(3.72)	(0.13)	(−0.25)
ln$X$	0.057***	0.068***	−0.028**	0.041***	0.036**
	(7.83)	(7.21)	(−2.43)	(4.31)	(5.37)
lnv/r	−0.051***	−0.066**	−0.037***	−0.034**	−0.041**
	(−6.79)	(−8.39)	(−3.9)	(−2.09)	(−3.11)
ln$Y$	0.124***	0.064***	0.278***	0.147*	0.226*
	(5.31)	(3.34)	(6.22)	(1.91)	(2.33)
R^2	0.8034	0.84720	0.8919	0.6887	0.8327
DW	0.34	0.57	0.36	0.22	0.34
F	819.52***	476.98***	232.02***	304.28***	325.64***
截面数	324	84	45	102	93
样本数	1944	504	270	612	558

注：括号内为估计系数的 t 值。*、**、***分别代表 10%、5%、1% 的显著性水平。

估计结果显示，结构性关系嵌入对全样本、物流、金融和商务部门对所调查企业的服务协同创新效应具有显著的正向影响，而在技术服务部门嵌入中，结构性嵌入却对服务创新效应具有负向影响。互动性关系嵌入对全样本及除了银行领域的其他行业的协同创新具有显著的正向影响，表明服务的互动性使得信任机制对相关产业的服务协同创新具有促进作用，但与银行服务部门的互动性关系嵌入却产生了显著的负向影响，这有些出乎意料，这可能与银行业务的高度模块化和标准化有关。但各服务行业的操纵性资源与对象性资源的边际收益之比对协同服务创新效应的弹性全部为负，这表明在目前阶段服务业的发展最为急需的还是固定设施和设备的投入，并且这些弹性具有明显差异性，其中物流业的协同创新效应弹性最大是0.066；商务服务业的协同创新效应弹性最小是0.034，而全样本的协同创新效应弹性是0.051。总体上，关系嵌入对协同服务创新有显著的正向影响，关系的持续改善能够带来协同服务创新效应的提升，这与嵌入性理论所表达的关系能够促进经济发展的理论相符。

表8-7统计了基于投入约束模型的固定效应回归结果。

表8-7　基于投入约束模型的面板固定效应回归结果

	全样本	物流	金融	商务	技术
ln*K*	0.014*	0.037**	-0.036*	-0.084**	0.075**
	(2.52)	(2.11)	(-1.67)	(-2.08)	(1.18)
ln*v*	0.192***	0.249***	0.247***	0.129***	0.247***
	(12.56)	(9.79)	(12.73)	(2.74)	(3.52)
ln*Z*	0.062***	0.076***	0.043***	0.056**	0.010
	(3.21)	(2.13)	(4.68)	(2.56)	(0.71)
ln*X*	0.055***	0.070***	-0.017*	0.059***	0.062***
	(8.21)	(6.29)	(-1.72)	(3.43)	(3.47)
T	0.033**	0.037***	0.043**	0.026**	0.037***
	(15.45)	(11.75)	(6.67)	(5.93)	(4.62)
C	8.600***	9.774***	9.186***	8.201***	7.661***
	(80.57)	(49.37)	(56.58)	(31.58)	(32.41)
R^2	0.776	0.853	0.922	0.724	0.834

续表

	全样本	物流	金融	商务	技术
DW	0.33	0.56	0.37	0.22	0.35
F	867.95***	327.36***	292.31***	453.36***	359.86***
截面数	324	84	45	102	93
样本数	1944	504	270	612	558

注：括号内为估计系数的 t 值。*、**、***分别代表 10%、5%、1% 的显著性水平。

估计结果显示，结构性关系嵌入对全样本和除了技术服务业之外的其他生产性服务业的协同创新效应表现为显著的正向影响。互动性嵌入则对全样本和各行业的服务协同创新效应都有显著的正向影响，但各服务行业的协同创新效应的弹性有差异性，其中物流投入对协同创新效应的弹性最大是 0.070。对象性资源投入对全样本、物流业和技术服务业的协同创新有显著的正向影响，表明了在这些行业投入对象性资源能够促进协同创新，而在金融和商务服务业中有显著的负向影响，表明有对象性物质资源替代操纵性资源的现象。操纵性资源的边际效益，也就是代表智力资源的知识价值，对全样本和各服务行业的协同创新具有显著的正向影响。

2. 基于需求方程的动态分析

（1）产出约束模型的动态分析。

若与服务创新相关的变量发生较大变动，如存在重大技术突破、某一竞争市场变迁、对知识等创新性资源产出水平的期望调整时，服务创新就可能产生偏离，进入非稳态水平，这与熊彼特所说的“创新是创造性破坏”相符。但非稳态水平是不均衡的，为重新达到均衡状态，需要在操纵性资源需求方程中引入操纵性资源投入的滞后项。如果操纵性资源投入变量测量的是不同服务产业从事创新者的整体投入的调整，滞后项可能会产生不同的效果。

把因变量滞后项作为一个解释变量所构造的动态分析，会对服务创新效应的估计产生新的影响。这一影响可以引入自变量的滞后项来解决。本书采用该方法来进行动态研究，进一步分析操纵性资源需求方程。

由于动态分析所需要的数据具有横截面和时间序列特征，本研究假设产出约束模型的一般动态预测方程形式为

$$\ln G_{it} = -\gamma_0 T - \sum_j \gamma_{1j} \ln Z_{i,t-j} - \sum_j \gamma_{2j} \ln X_{i,t-j} + \sum_j \psi_{0j} \ln L_{i,t-j} + \sum_j \psi_{1j} \ln v_{i,t-j} + \sum_j \psi_{2j} \ln Y_{i,t-j} + \varepsilon_{it} \quad (8-13)$$

需要注意的是，该公式中解释变量被假定对不同服务行业的影响是共同的。

同时，操纵性资源需求方程需要进行差分以得出不同服务行业的固定效应。因此，动态方程变为

$$\Delta \ln G_{it} = -\gamma_0 T - \sum_j \gamma_{1j} \Delta \ln Z_{i,t-j} - \sum_j \gamma_{2j} \Delta \ln X_{i,t-j} + \sum_j \psi_{0j} \Delta \ln L_{i,t-j} + \sum_j \psi_{1j} \Delta \ln v_{i,t-j} + \sum_j \psi_{2j} \Delta \ln Y_{i,t-j} + \Delta \varepsilon_{it} \quad (8-14)$$

然而，由于滞后因变量和残差项中不可观测的固定效应具有相关性，差分会使滞后因变量的系数产生有偏估计，因此有必要引入工具变量。在这里我们借鉴 Arellano 和 Bond 的方法[175]，利用内生变量的滞后1期和2期作为工具变量，这样可以有效地设置工具变量。只要差分方程的二阶和更高阶是非序列相关的，需求方程便能得到无偏一致估计。本研究采用一阶差分 GMM 方法估计模型，并以 Sargan/Hansen 检验来判别工具变量的设置是否满足过度识别的约束要求。同时，对差分后的残差之间的二阶序列也进行相关检验，以考察工具变量的选择是否合理有效。表 8-8 统计了全样本、物流、金融、商务和技术服务业的估计结果，在各模型估计结果中，Sargan/Hansen 检验 p 值并没有拒绝工具变量所设置的过度识别约束条件，同时残差也不存在二阶自相关。

表 8-8　一阶差分 GMM（two-step）估计结果

解释变量	全样本	物流	金融	商务	技术
$\Delta l\ln L$	-0.004 (0.014)	-0.275** (0.050)	0.013 (0.038)	-0.335*** (0.038)	0.073 (0.049)

续表

解释变量	全样本	物流	金融	商务	技术
ΔlnZ	0.025**	0.022*	0.034*	0.049*	0.006
	(0.059)	(0.038)	(0.029)	(0.012)	(0.019)
ΔlnX	0.022*	0.023**	-0.017**	0.016*	0.036**
	(0.038)	(0.026)	(0.073)	(0.012)	(0.092)
Δlnv/r	-0.031*	-0.035***	-0.025***	-0.044*	0.038*
	(0.032)	(0.002)	(0.002)	(0.038)	(0.057)
ΔlnY	0.079*	0.035	0.022**	0.163*	0.213
	(0.066)	(0.035)	(0.058)	(0.058)	(0.061)
Sargan/hansen 检验 p 值	0.897	0.143	0.210	0.832	0.722
二阶自相关检验 p 值	0.65	0.30	0.49	0.82	0.83

注：括号内为估计系数的标准差。*、**、***分别代表 10%、5%、1% 的显著性水平。

表 8-8 统计了模型式（8-14）的估计结果。估计结果显示，ΔlnZ 在全样本、物流、金融和商业服务业中对服务协同创新效应具有显著的正向促进作用，而对于技术服务业不能通过显著性检验。ΔlnX 在全样本、物流、技术和商业服务业对服务协同创新效应具有显著的正向促进作用，而对于金融服务业则起到显著的负向影响。全样本、金融和技术服务业 ΔllnL 对服务创新效应都不存在显著的影响，表明在这些行业中，上一期的服务创新并未对本期服务创新起到抑制作用；但在物流和商务服务中，上一期的服务创新对本期服务创新起到抑制作用，表明这些领域的服务创新周期较长，客户企业需要一定时期的适应。Δlnv/r 对除技术服务业外的其他服务业和全样本都起到显著的负向影响；对技术服务业而言，则起到显著的正向影响。ΔlnY 对全样本的协同服务创新起到显著影响，而具体到哪个行业，例如在金融和商务领域，这种影响是显著正向影响，而在物流和技术领域不能通过显著性检验。

(2) 投入约束模型的动态分析:

在前述的模型式(8－12)中，可能存在两个问题会使在估计中产生有偏估计。首先，操纵性资源需求的前后一致性，这可能会产生与一阶序列相关的误差。其次，操纵性资源的投入和对象性资源的存量都可能是潜在内生变量。为解决这些潜在的序列与误差项的相关性，引入协同服务创新效应的滞后项作为解释变量，也就是引入因变量的滞后项一期和二期与误差项的相关性进行检验。但是 Kiviet 的研究表明，在包含因变量滞后项的面板设置中，在使用最小二乘估计时仍会产生不一致和有偏的估计[176]。因此，这里依据 Blundell 和 Bond 的做法[177]，利用系统 GMM 方法进行估计。

为从根本上解决内生性问题，本节引用操纵性资源的投入和对象性资源的存量的一期和二期滞后作为操纵性资源的投入和对象性资源的存量的工具变量；并分别运用行业整体发展程度、行业规模比例的一期和二期滞后作为其他工具的变量。

表 8－9 统计了系统 GMM 估计的结果。

表 8－9　系统 GMM (one－step) 估计结果

解释变量	全样本	物流	金融	商务	技术
*l*ln*L*	－0.909**	－0.503**	－0.026**	－0.842**	－0.326*
	(0.021)	(0.024)	(0.039)	(0.051)	(0.037)
ln*K*	0.021*	0.029***	0.007	－0.050*	0.450**
	(0.039)	(0.025)	(0.082)	(0.031)	(0.034)
ln*v*	0.013**	0.021**	0.053**	0.064*	0.084***
	(0.033)	(0.014)	(0.067)	(0.020)	(0.017)
ln*Z*	0.025**	0.017***	0.011**	0.022*	－0.053**
	(0.063)	(0.033)	(0.043)	(0.039)	(0.012)
ln*X*	0.063***	0.034***	－0.017*	0.310**	0.670***
	(0.013)	(0.039)	(0.012)	(0.030)	(0.023)
T	0.002	0.015***	－0.009***	0.008*	0.012*
	(0.005)	(0.005)	(0.005)	(0.005)	(0.005)
Sargan/hansen 检验 *p* 值	0.947	0.172	0.978	0.872	0.711

续表

解释变量	全样本	物流	金融	商务	技术
二阶自相关检验 p 值	0.49	0.27	0.58	0.77	0.68

注：括号内为估计系数的标准差。*、**、***分别代表 10%、5%、1% 的显著性水平。

结果显示，ln$Z$ 对全样本、物流、金融和商务服务业的协同创新效应具有显著的正向影响，而对于技术服务业则为显著的负向影响。ln$X$ 对金融服务业服务创新效应起到显著负向影响，在全样本、物流、商务和技术服务业的协同创新中则起到显著的正向影响。全样本和各个服务行业 $l$ln$L$ 对服务协同创新效应都存在显著的负向影响。ln$K$ 对全样本、物流和技术服务业的协同服务创新起到显著的正向作用，对商务服务的协同创新效应为负向影响，金融服务业不能通过显著性检验。ln$v$ 对全样本和各个服务行业的协同服务创新起到显著的正向影响。

3. 对比分析

对比固定效应估计与 GMM 估计发现，其存在一定差异。固定效应的结果表明，在技术服务业中，结构性关系嵌入对服务协同创新效应不能通过显著性检验，而考虑内生性的动态模型 GMM 估计结果显示，结构性关系嵌入对服务协同创新效应具有显著的负向影响。这说明如果对协同创新相关的变量进行调整，则对技术服务业的创新效果产生变化。而在金融服务业中，互动性关系嵌入对协同创新效应产生显著的负向影响虽然出乎意外，但在固定效应估计与 GMM 估计中却达成一致，这可能与银行等金融行业长期处于垄断地位，我国很多企业，尤其是中小型的企业，在融资贷款及其他金融业务中，长期处于不对等的关系地位中，这种过度的关系依赖或者是不均衡关系对企业的发展极易造成不利影响，最终也会影响到金融服务业的服务创新绩效。

§8.5　本章小结

本章基于服务创新、关系嵌入和组织柔性，首先对 SVN 的服务协同创新模式进行深入研究，得到了服务协同创新的主体模式。然后根据关系嵌入的模式和资源类别（对象性资源和操纵性资源），分析关系嵌入对服务协同创新效果影响。实证研究表明，在全样本和分行业样本中，除了以下两种情况，无论是结构性关系嵌入还是互动性关系嵌入，都对服务协同创新效果的正向影响显著。这两种情况是：技术服务业中的结构性嵌入和银行服务业中的互动性关系嵌入。

第9章　SVN中服务协同创新的治理策略

如前所述，生产性服务企业所构建的SVN可能产生网络协同效应。然而，SVN与协同效应之间并不是简单的线性关系，认为构建了SVN就会自然产生显著的绩效是不够全面的。SVN及关系嵌入是生产性服务企业价值创造能力提升和获取绩效的必要条件，而不是充分条件。降低交易成本、分担研发成本、分散经营风险和获取协同创新效益是SVN参与方的心理预期，要使这一预期转变为现实，有效发挥SVN的独特优势，保证其健康平稳的运行，一个核心问题是无法回避的，这个核心就是网络关系治理。SVN的治理是通过网络系统内部各种正式和非正式的合同契约和社会关系链接所达成的制度安排。SVN要达成整体的高效有序运作，参与各方不会利用它们之间的不对称信息和契约漏洞谋取私利，其治理机制必须使参与者有强大的动机按照制度设计者的预期进行。

§9.1　SVN关系治理的含义与构成

当论及治理机制时，文献关于其含义有多种定义，所涉及的范围存在较多争议。本章节所讨论的治理制度是在组织间的协同运营与协同创新的框架之内。众所周知，科斯引入的市场交易成本是进行治理机制研究的起点，威廉姆斯则将治理区分为市场治理和科层治理，并认为市场治理主要依靠价格，而科层治理主要依靠权威，市场交易成本的存在则确定了治理边界。后来，这种简单的二分法招致了一些批评，尤其是在社会学和管理学领域，如Dyer和Singh就认为，市场交易成本理论将交易视为两个极端行为，忽视了这种行为的连贯性，并剔除了社会关系在经济行为中的作用是不全面的，应该考虑到信任、嵌入和意志等执行力所起到的作用[178]。追根溯源，这种思想来源于格兰诺维特的结构性嵌入与关系性嵌入。虽然后来有学者 Hennart 推出了一个从市场到科层的连续统一体模型试图去填补这种二分法所带来的不足[179]，但是这种连续统一体模型却失去了描述经济活动本质特征的所需要的特定功用。因此，这些理论未能获得进一步的推进与发展。而关系治理作为第三种治理方式，因其引入了信任等社会资本变量，确切描述了市场与科层之间的治理机制，获得了学者们的广泛关注。

关系治理一般包括对于系统活动所做出决策的结构、权力和流程的组织安排。当讨论关系治理机制的时候，需要区分是经济活动的制度安排还是经济行为的组织方式，经济活动的制度安排是指在组织内部交易还是外部交易，在这里是指价值网络内部还是市场之中的问题；而经济行为的组织方式则是指采用契约、权力还是信任。本书所讨论的治理机制是指后者，也就是说，在 SVN 内部讨论行动的组织方式。Jones 等结合结构性嵌入理论，提出了关系治理的社会机制，包含限制性进入、宏观文化、联合抵制和声誉四个部分。而彭正银认为 Jones 等所构建的关系治理模型没有突出治理机制这个关键要点，并且认为社会机制不能实现对关系治理的替代。因此，他基于结构性嵌入理论，提出了关系治理的理论架构，在这个理论架构中，包含限制性嵌入、宏观文化、集体许可和声誉在内的结构嵌入构成了关系网络治理的基础，而将关系治理机制归结为互动机制和整合机制。我们认为，关系治理的本质就是个体或者组织通过直接或者间接的纽带对其他个体或者组织施加影响，社会机制和运行机制是关系治理的两个相互关联的构面。通过社会机制，使得 SVN 具有自我治理的特征，实现了网络规模的自拓展、网络结构的自演化和网络规则的自形成；而通过运行机制，扩展了网络参与者对隐性资源和知识的交流范围、扩大了资源的共享数量，实现了价值的共创供给和差异性互补，并使得价值现实方式得以优化重组。因此，关系治理最终能够实现在保障网络组织有序高效运行的同时，起到了规范、制约和调节网络参与者行为的作用。

§9.2　SVN 社会机制治理

社会治理机制包括信任、宏观文化、声誉与口碑以及联合抵制四个部分，由于信任在关系治理中的突出作用，我们将单独论述，以下说明其他三个部分的作用。首先，由于服务业的专业化分工越来越细化，其创新行为逐步成为企业经营的经常性行为，而创新所涉及的元素非常广泛，创新主体也较工业制造业分散。因此，对于组织文化或者组织间文化的理解就非常重要。另外，由于服务系统的知识资源，尤其是一些隐性资源，经常以共享的符号和语言、共享的价值观以及默会知识的方式表现出来，宏观文化的一致性在服务创新中起到一种基础性作用，而对于宏观文化的认可则是通过组织之间以及组织与环境的匹配来达成；其次，由于对服务质量判断的事后性和服务过程的不可逆性，企业在遴选生产性服务企业的时候，就会非常注重其声誉和口碑，通过过去的经验及业界观点来判定生产性服务企业在将来可能达成的绩效水平，这种选择机制使得关系治理向着长期和健康的方向发展；再次，在市场经济中，总有部分企业在经营过程中利用不对称信息和不完全契约，采用欺骗的方式或者利用其在 SVN 中所占据的某个有利位置，竭尽所能地攫取网络关联方的价值，致使网络系统无法维持健康运转。在此背景下，SVN 要充分利用联合抵制的手段，将这类危害系统运行的害群之“马”驱逐出去。

§9.3　SVN 运营机制治理

关系治理的运营机制治理包括战略导向、限制性进入和激励相容，以及互补性能力四个部分，因为战略导向的统领作用，所以先介绍后面三个部分，其后重点分析战略导向的作用。首先，SVN 必须设置限制性门槛，这个门槛是对企业服务能力和资源素质的考核，只有具备了相应能力的服务企业才有进入该 SVN 的资格。当然，随着时间的推移，根据 SVN 的主导企业或者管理机构对系统成员的能力素质跟踪考察，对于整体能力已经落后于服务系统的服务企业，应该实行淘汰机制；其次，SVN 是具有协同演进的服务生态系统，多数决策都必须获得相关利益者的支持才能得以实施。因此，SVN 中的企业决策者经常进行协同决策，其决策原则也必须满足激励相容的约束；最后，由于资源配置方式的不同会产生不同的企业效益，服务创新效益差异同样来源于资源差异及结合方式，也就是说，即使是同种资源用作于不同的目的、以不同的方式或与不同类型、数量的其他资源相结合，也可能会产生不同的结果和效益差异。这种差异在现代服务经济中表现得更为突出，其原因在于服务经济的效益差异关键来源在于由异质性知识和互补性能力所决定的服务创新。如果一个生产性服务企业能够找到比其他企业更有效的因地制宜、因时制宜的利用特定知识和资源的路径，就能够获得较大的服务创新优势。关系治理机制如图 9－1 所示。

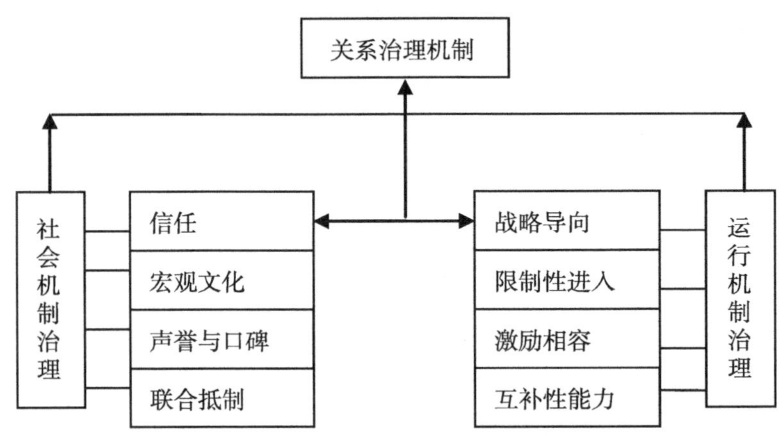

图 9－1　关系治理机制

§9.4　SVN 中信任机制与战略导向协同的互动机制

企业在长期经营过程中，在如何获取竞争优势的认知和价值观上，会形成不同战略管理的哲学体系。目前战略导向的研究主要包括创业导向、市场导向、学习导向、技术导向和绿色导向等，不同战略导向力图从不同角度解决不同的组织问题。在不同的战略导向下，企业会产生不同偏好，由此对外部知识等资源产生“过滤作用”。在战略导向的研究中，最具代表性的两种是市场导向和创业导向。持有市场导向战略的主要观点是：顾客价值是企业竞争优势的来源，企业必须充分了解顾客需求，密切关注市场中竞争者的行为，并通过内部良好的协作来满足市场需求。因此，学者们往往从顾客需求的满足、市场竞争和部门间协调三个维度对其测量[180]。不同于市场导向，创业导向认为创新性、行为超前性和风险承担性是竞争优势的主要来源，因此，创业导向被定义为获取可持续竞争优势而做出的组织承诺和所制定的措施，而这种承诺和措施是倾向于产品创新、市场创新和风险型业务开展的[181]。市场导向和创业导向对企业竞争优势来源的认知和价值观不同，前者重视对现有市场的利用和开发，而后者倾向于采取风险性、前瞻性的风险承担性行为去引导未来市场，它们之间具有独立性。在 SVN 中，不同节点企业如果采用的战略导向不同，必然为后来的决策协调及协同运营产生较大的阻力，而不同节点企业如果从整体战略导向上达成基本一致和错位协同，必然为其后续发展廓定良好的框架。

同时，在现代企业的运营中，信用和信任成为交易关系达成、契约执行的基石，尤其是在涉及高专用性资产投入的不完全关系契约所涉及的领域。生产性服务，尤其像金融服务模块、人力资源模块、管理咨询模块和法律服务模块，具有极高的资产专用性，依靠契约和合同不可能囊括所有未知的可能性。在这种情况下，信任机制作为一种有效的机制，能够减少契约执行中的机会主义行为和创新中的不确定性。在生产性服务组织嵌入制造企业时，相互信任的关系不但能够降低运营过程中不确定，降低交易成本，而且能够寻找更多的合作机会，创造性地开展和执行自己的模块和任务。

信任机制与战略导向的结合，能够从社会机制与运营机制的交互中，达成 SVN 的健康运行与良好目标。这是因为，信任机制作用于被信任者是一种期望，期望对方不会利用自己的脆弱性和善意；而信任作用于自身则是一种状态，这种状态是虽然自己有能力控制或者监督对方，却宁愿放弃这种能力，从而能够节省时间和精力。而战略导向协同是 SVN 优化系统绩效的方向，战略导向协同能够达成稳定性和灵活性的均衡。企业的战略导向选择和在经营过程中的战略导向转换对于网络系统会产生较大影响。也就是说，战略导向通过影响关系构建类型影响 SVN。不同企业在相互融合和相互理解的战略导向下，会培养战略趋势和愿景类似的创新动机、管理行为及资源获取偏好，从而会产生不同种类的优势资源集聚和具有系统性的网络系统发展策略。这是因为在某种战略导向下，网络成员的管理决策的目标和模式都可能发生改变和迁移。战略导向协同与信任机制对于 SVN 的创新绩效的影响是从两个方面发生作用的，其一是通过企业之间的分工合作和学习机制使得组织运行顺畅，其二是通过影响企业之间的多元关系建构，解决了激励监督之间的二元冲突。同时，战略导向协同和信任机制在 SVN 中的协同创新中通过不断交互循环而产生强化过程。SVN 中的成员的战略导向转换需要企业间信任机制。而信任机制的维持和持续深化需要战略导向的不断沟通和协同。

我们强调关系治理在 SVN 中的主导作用，并不排除市场治理、科层治理这两种经典的治理机制在资源分配和协同创新中所起到的补充性作用，其实在关系维护、决策协调与动态性环境适应中，三种治理机制都是有帮助的。虽然关系治理引入了以信任和战略导向协同为核心的治理机制，但关系治理并不排斥权力和市场，如在 SVN 中的中心性的存在就表明科层权力治理的存在，因为权力就是一个组织能够施加在其他组织的影响力。同样，市场治理是一个组织连同网络其他成员追寻全球市场所必需的，通过正式协议能够达成关系治理的基石。企业之间存在多种类型的协议，包括财务方面、内控管理、监管、产出分配、智力资本、外部关系和冲突管理等，这些协议与信任一起构成互补或替代，共同作用于 SVN 的创新治理机制上。

§9.5　SVN 在动态演化中的主体治理机制的转换

SVN 具有动态演化的过程，演化就要经历萌芽期、成长期、成熟期和衰亡或更新期四个阶段。在 SVN 发展的不同阶段，市场治理、科层治理和关系治理所起到的作用是不同的，主体治理机制也会发生转变。在 SVN 的萌芽期，具有新创意的生产性服务企业为构建新的网络关系，需要吸引其他服务企业和制造企业的加入，而吸引的手段只能是让其他伙伴有利可图，或者至少是在愿景上有足够的利润空间。此时成员之间的声誉尚未形成，相互之间也并不完全了解，缺乏信任的基础，战略上的差异性也较大，这个时候要采取市场治理机制为主，价格是协调利益的主要手段，此时，严格意义上的 SVN 尚处于培育形成的阶段。发展到成长期，SVN 中的核心组织已经出现，但是成员之间的信任仍处于建立阶段，各网络成员在寻求外部组织的过程中，不断有保留的释放自己的信任诚意，网络成员也在试图理解其他成员的战略意图。在这个阶段，核心成员的意志与权威在网络发展中具有重要导向作用。SVN 在核心成员的带动，通过规则界定和权力延伸对其他网络成员起到促进或抑制作用。科层治理成为发展阶段的主要治理形式，表现为权威、法律、正式合同、规划和程序等。而随着 SVN 的不断演化发展，网络成员之间的信任程度不断增加，科层治理机制中的正式机制不断显示其运作速度缓慢，与外部市场快速变化不相符的特征。关系治理在信任达成阶段展示了其灵活适应多变环境的优势。此时的信任关系和战略导向协同所产生的巨大优势，是不可能通过书面合约以及层层的权力批示就能达到的，关系治理迅速成为主导治理机制。由于客户需求的巨大调整或者外部技术轨道的大幅度转移，SVN 进入衰亡或者是更新期时，网络成员之间难以保持齐心协力，战略导向转换成为必然。此时绝大部分企业不是维持 SVN 的低阶运行，而是从原有网络中榨取最大的利益。此时的主导企业可能重新采用科层治理机制，利用权力延长原有 SVN 的服务寿命。但价值网络性能的局部调整并不能根本改变网络系统的命运。具有新的适应技术的服务网络在逐步蚕食原有服务网络中的客户价值，最终实现大部分功能的替代和提升。

§9.6 本章小结

关系治理机制是 SVN 的主导治理机制，这种治理机制包括社会治理机制和运营治理机制两部分。其中，社会治理机制中的信任机制和运营治理机制中的战略导向及其互动机制构成了 SVN 治理机制的核心。在 SVN 动态演化中，主体治理机制会产生转换。

第 10 章　总结与展望

本章是全书的总结，对主要的研究工作进行回顾，总结了所取得的成果和创新之处，并指出了研究的不足之处，展望了生产性服务业及 SVN 的研究方向，指出了进一步深入研究的问题。

§10.1　研究总结

在当今经济全球化、区域经济集团化、服务网络化、创新协同化的市场背景下，生产性服务业要基于价值网络，实现一体化的协同服务与协同创新，传统有限的服务管理理论和供应链管理已经滞后于现实实践的发展，需要进行服务管理模式的理论创新。本书从产业集聚、知识管理、经济生态、社会网络等角度分析生产性服务业的价值网络及协同创新，系统研究了 SVN 的构建、价值分配、网络演化、网络稳定性及服务协同创新。以期寻找生产性服务企业的发展模式和适合中国发展阶段的生产性服务业优化发展路径，并从关系网络中探寻提升制造业升级和服务业发展的具体方法和策略，进而实现制造企业与生产性服务企业在运营和创新上的协同优化和创新激励，促成我国制造企业和生产性服务企业的竞争能力在整体上提升，促进经济转型的成功。

1. 研究成果

具体成果包括以下 7 个部分：

（1）将生产性服务业视为一个系统，研究其管理特征，形成后续研究的基础。探究生产性服务业价值网络的构建过程和运行机制，分析 SVN 的结构和运行机理，不同于以往对以产品制造为核心的价值网络研究，SVN 既注重服务的本质，又包含关系网络，契合现代社会的服务经济特征，是进行生产性服务业研究的核心基础。

（2）提出了生产性服务业价值网络的利益分享的两阶段模型。利益分享是协同的主要目的，而利益分享机制是协同机制的核心机制。SVN 中的利益分享机制是以知识为主要资源的各类资源在服务系统中的配置，本书所设计的“补偿—激励”模型，既注重知识资源在利益分享机制中的主导地位，又注重分配公平与效率，能够形成价值分配对 SVN 自组织的激励。

（3）分析了 SVN 在演化中所形成以服务平台为基础的网络架构和演化趋势。并利用所提出的量子萤火虫算法，对 SVN 进行了演化稳定性分析，量子理论与萤火虫算法有效融合，拓展了萤火虫的寻优空间，使算法的全局搜索能力和搜索效率得到提高。实验结果验证了该算法的有效性和可行性。也证明了 SVN 在系统演化中的可靠性，为生产性服务系统的良性发展提供了保障。

（4）对生产性服务企业的价值创造能力体系的构成及提升维度进行分析。利用经济学分析表明，效率提升生产性服务企业在既有业务上的价值创造提升有限，经过一定的效率改善后，生产性服务业应该将重点放在一体化网络运营和协同创新上。因此，在价值创造能力的提升维度主要包含资源整合能力、关系网络能力和服务创新能力。

（5）服务集聚中的网络效应分析。通过对服务交互性、客户体验及问题系统解决的特征分析，区分了服务集群对企业价值创造能力提升的两种效应，集聚效应和网络效应。重点分析了包含知识经济和创新经济的网络效应，利用数理模型方法验证了内生型服务集聚中网络效应的关键性作用，现象归纳和理论推演的结果得到数学推理的支持。利用战略协同、组织协同、知识协同和价值隔离分析了服务集群中网络效应和集聚效应的作用机理。

（6）关系嵌入模式对生产性服务企业服务创新及价值创造的实证分析。关系嵌入的是生产性服务业价值网络进行资源配置和价值转换的基本渠道和方式，而关系嵌入的模式有结构性关系嵌入和互动性关系嵌入。通过动态实证数据表明，在生产性服务企业内的金融服务、物流服务、商务服务和技术服务中，除了在技术服务业中结构性关系嵌入对服务协同创新效应具有显著的负向影响，以及在金融服务业中互动性关系嵌入对协同创新效应产生显著的负向影响外，其他结构性关系嵌入和互动性关系嵌入均对服务创新效应产生正向影响。实证表明关系嵌入网络对服务创新和价值创造的影响性。

（7）分析了 SVN 的主导治理机制——关系治理机制。这种治理机制包括社会治理机制和运营治理机制两部分，其中，社会治理机制中的信任机制和运营治理机制中的战略导向及其互动机制构成了 SVN 治理机制的核心。在 SVN 动态演化中，主体治理机制会产生转换。

2. 创新之处

主要创新之处在于以下 4 个方面：

（1）基于系统科学思想，以社会网络和价值网络理论为基础，提出服务价值网络（SVN）理论，并对 SVN 的形成、构成、运行规则、关键价值要素及价值分配等进行研究，该研究能够深化对服务系统复杂性的认识，并通过学科的融合交叉在服务科学研究中提出相对新颖的理论观点和研究视角。

（2）运用交易成本理论和生态演化理论的分析方法，构建了 SVN 系统的演化模型，创造性地提出一种解决复杂系统可靠性冗余优化问题的量子萤火虫算法，深入探讨了 SVN 企业合作的演化稳定性。目前尚未发现在复杂服务系统可靠性研究中采用量子萤火虫算法，而这种算法对解决复杂系统可靠性冗余优化问题具有良好的表现和稳定的性能。

（3）基于生产性服务企业的价值创造体系，探寻提升创造能力的途径，数理方法证明效率改善对创造能力提升的有限性，反证了关系网络对价值创造能力提升的有效性。通过改进的经济增长模型论证了服务集聚中的网络效应的作用机理，从中观层面寻找发展生产性服务业的路径；通过产出/投入约束模型进行实证分析，从微观层面探寻生产性服务企业的协同创新模式。

（4）基于知识管理及合作对策理论，提出了 SVN 多节点利益分配的补偿—激励模型。该模型是一种考虑多种因素的综合利益分配机制模型，尤其注重知识及创造性在分配中的贡献，满足了 SVN 各节点对合作的预期分配利益，既促进了协同，又体现了公平原则。另外，本文创造性地提出了基于信任与战略导向互动为核心的关系治理机制模式，并论证了这种治理机制的有效性。

§10.2　研究展望

生产性服务业的价值网络演化及协同创新问题，是一个非常复杂而又综合的问题，不仅涉及 SVN 参与方诸多方面及其间的复杂关系，还在研究领域上跨越了诸多学科。限于时间、精力和费用等原因，特别是本人知识结构的限制，本书的研究还是初步的探索，还有许多工作尚待进一步深化和完善，特别是随着 SVN 理念和服务主导逻辑在企业中的进一步推广，将会出现更多值得深入研究的问题。在本书目前所做研究的基础上，可以进行富有意义的拓展研究。主要包括以下 4 个方面：

（1）利用复杂网络理论对 SVN 系统进行系统研究。

SVN 系统是一个非线性的复杂网络系统，复杂性决定了在对 SVN 系统进行设计和运作时，必须遵循复杂网络系统的运作规律。在后续的研究中，可以考虑运用复杂网络理论来进一步研究 SVN 系统中协同优化、利益分配、创新协同等问题。

（2）对 SVN 系统中关系过度嵌入的深入探讨。

根据系统思想，具体到 SVN 系统中的每一个成员企业，关系嵌入要适度，过度的关系嵌入可能会损害企业自身和 SVN 系统。本书通过实证分析发现，在技术服务业中结构性关系嵌入对服务协同创新效应具有显著的负向影响，在金融服务业中互动性关系嵌入对协同创新效应产生显著的负向影响。如何减少和消除某种特定类型关系的过度嵌入所产生的消极影响，需要设计一种度量关系适宜度的衡量指标。下一步将研究如何处理 SVN 系统中关系适宜度的重要性以及如何系统权衡在某些特定领域内存在的关系嵌入问题。

（3）深入研究 SVN 系统运营的辅助支持系统。

SVN 系统的运营离不开制度框架的支撑与规范以及智力资本的孕育。政府在宏观政策、区域发展策略、服务集聚区定位与规划设计、投资与税收以及综合协调等方面所起到的制度保障能够确保企业战略发展方向的连续性。而 SVN 系统所需要的知识和智力资本，应该以大学、科研院所为支撑。作为理论研究，有必要利用协同理论对 SVN 系统的辅助支持系统进行尝试性的探索，以丰富现行 SVN 研究的理论知识宝库。

（4）实践探索有进一步完善的空间。

SVN 系统演化及协同创新 SVN 成员企业的实践过程，理论探索固然重要，但实证研究也同样不容忽视。本书的研究偏重于理论模型的构建和实证分析，对 SVN 系统的实践探索还有待于进一步的探讨。今后尚需进一步研究如何将 SVN 的理论和方法应用到企业生产和管理的实践中去，特别是目前我国生产性服务企业的管理理念和模式还比较落后，需要将 SVN 理念和管理模式，融入企业的经营管理中，并进一步在实践中寻找问题和解决问题。

参考文献

[1] Machlup F. The Production and Distribution of Knowledge in the United State [M]. New Lersey: Princeton University Press, 1962.

[2] Browning H, J. Singelman. The Emergence of a Service Society: Demographic and Sociological Aspects of the Sectoral Transformation in the Labor Force of the. U. S. A. [J]. Virginia: National Technical Information Service, Springfield, 1975: 102 – 105.

[3] Wood P. Urban development and knowledge – intensive business services: too many unanswered questions [J]. Growth and Change, 2006, 37 (3): 335 – 361.

[4] Martinelli F. A Demand – oriented approach to understanding producer services. In P. W. Daniels, and F. Moulacrt (eds.) The Changing Geography of Advanced Producer Services [M]. London: Belhaven Press, 1991.

[5] 李江帆，毕斗斗．国外生产性服务业研究述评 [J]．外国经济与管理，2004，26 (11)：16 – 19.

[6] 程大中．中国生产性服务业的水平、结构及影响——基于投入产出法的国际比较研究 [J]．经济研究，2008 (1)：6 – 88.

[7] 闫星宇，张月友．我国现代服务业主导产业选择研究 [J]．中国工业经济，2010 (6)：74 – 84.

[8] 王晓娟．上海服务业发展特征及其与经济增长的关系研究 [J]．上海经济研究，2009 (5)：79 – 85.

[9] 邱灵，申玉铭，任旺兵．北京生产性服务业与制造业的关联及空

间分布［J］．地理学报，2008，63（12）：1299－1310.

［10］格鲁伯，沃克．服务业的增长：原因与影响（中译本）［M］．上海：上海三联书店，1993.

［11］Beyers W. B，Lindahl D. P. Explaining the Demand for Producer services：Is cost－driven Externalization the Major Factor?［J］．Papers in Regional Science，1996，75（1）：351－374.

［12］刘志彪．论现代生产性服务业发展的基本规律［J］．中国经济问题，2006（1）：3－9.

［13］张凤杰，张立，陈继祥．生产性服务业集群化发展动因研究［J］．科技进步与对策，2008（12）：82－85.

［14］Noyelle T. J，T. M. Stanback. The Economic Transformation of American Cities［M］．Totawa，NJ：Rowman &Allanheld，1984：65.

［15］Daniels R. W. Locational dynamics of Producer and consumer services［J］．Ch. 8 in Service Industries，1985：43.

［16］Howells D，Green R. Location，Technology and Industries Organization in UK Services［J］．Progress in Planning，1986（2）：86－87.

［17］Hansen N. Do Producer Services Induce Regional Economic Development［J］．Journal of Regional Science，1990，30（4）：465－476.

［18］Hansen N. The Strategic Role of Producer Services in Regional Development［J］．International Regional Science Review，1994，23（1）：13－20.

［19］Juleff L. E. Advanced Producer Services：Just a Service to Manufacturing?［J］．The Service Industries Journal，1996，16（3）：389－400.

［20］Coffer J. The Geographies of Producer Services［J］．Urban Geography，2000，21（2）：170－183.

［21］Toivonen M. Long－term Development and Future Prospects of Knowledge－intensive Business Services［D］．Helsinki University of Technology，2004：90.

[22] Joseph Francois, Julia Woerz. Producer Services, Manufacturing Linkages, and Trade [J]. Journal of Industry, Competition and Trade, 2008 (8): 199 -229.

[23] Marshall N. Services and Uneven Regional Development [M]. Oxford: Oxford University Press, 1988.

[24] Lane P J, Lubatkin M. Relative Absorptive Capacity and Inter - organizational Learning [J]. Strategic Management Journal, 1998, 19 (5): 461 - 477.

[25] Zammuto R. F., T. L. Griffith. Information technology and the changing fabric of organization [J]. Organization Science, 2007, 18 (5): 749 - 762.

[26] 郝斌，任浩，吴铁伦．信息技术对企业间关系结构的影响 [J]. 外国经济与管理，2009, 31 (3): 9 -15.

[27] Klein B, Crawford. R. G., Alchian A. A. Vertical Integration, Appropriable Rents and the Competitive Contracting Process [J]. Joural of Law and Economic, 1978, 21 (2): 297 -326.

[28] Park S. H., Chan K. S. A Cross - country input - output Analysis Relationships Between and Manufacturing and Services and Their Employment Implications [J]. World Development, 1989, 17 (2): 199 - 212.

[29] Dilek Cetindament Karaomerioglu, Bo Carlaaon. Manufacturing in Decline A Matter of Definition [J]. Economy, Innovation, New Technology, 1999 (8): 175 -196.

[30] Mukesh Eswaran, Ashok Kotwal. The role of service in the process of industrialization [J]. Journal of Development Economics, 2002, (68): 401 -420.

[31] 刘志彪．发展现代服务业与调整优化制造业结构 [J]. 南京大学学报，2006 (5): 47 -55.

[32] Francois J F. Producer services, scale, and the division of labor [J].

Oxford Economic Papers, 1990 (42): 715 - 729.

[33] Diaz Fuentes D. On the limits of post - industrial society: structural change and service sector employment in Spain [J]. International Review of Applied Economics, 1998 (12): 483 - 495.

[34] Hansen N. Do producer services induce regional economic development [J]. Journal of Regional science, 1990, 30 (4): 465 - 476.

[35] 苑雅文，罗永泰. 基于需求整合与开发的生产性服务业发展研究 [J]. 财经问题研究，2010，319 (6): 39 - 42.

[36] 朱瑞博. 价值模块整合与产业融合 [J]. 中国工业经济，2003 (8): 24 - 31.

[37] 马健. 产业融合与融合产品的需求增长 [J]. 当代财经，2005 (2): 82 - 87.

[38] 顾乃华，毕斗斗，任旺兵. 生产性服务业与制造业互动发展：文献综述 [J]. 经济学家，2006 (6): 35 - 41.

[39] Macpherson A. Producer Service Linkages and Industrial Innovation: Results of a Twelve - year Tracking Study of New York State Manufactures [J]. Growth and Change, 2008, 39 (1): 1 - 23.

[40] 顾乃华. 生产性服务业对工业获利能力的影响和渠道 [J]. 中国工业经济，2010 (5): 48 - 58.

[41] 唐强荣，徐学军，何自力. 生产性服务业与制造业共生发展模型及实证研究 [J]. 南开管理评论，2009，12 (3): 20 - 26.

[42] 赵秀丽，张成. 跨国公司生产网络与生产性服务业网络的嵌入性分析 [J]. 上海经济研究，2010 (3): 60 - 67.

[43] Gebauer. H. Identifying service strategies in product manufacturing companies by exploring environment - strategy configurations [J]. Industrial Marketing Management, 2008, 37 (3): 278 - 291.

[44] Oliva R., Kallenberg R. Managing the transition from products to services [J]. International Journal of Service Industry Management, 2003, 14 (2): 160 - 172.

[45] Gebauer H., Fleisch E., Friedli T. Overcoming the service paradox in manufacturing companies [J]. European Management Journal, 2005, 23 (1): 14-26.

[46] Gebauer, H. Identifying services strategies in product manufacturing companies by exploring environment - strategy configurations [J]. Industrial Marketing Management, 2008, 37 (3): 278-291.

[47] Neely A. Exploring the financial consequences of the servitization of manufacturing [J]. Operations Management Research, 2008, 1 (2): 103-118.

[48] Pilat D., Wolfl A. Measuring the Interaction between Manufacturing and services [D]. Statistical Analysis of Science, Technology and Industry, 2005: 1-47.

[49] Juleff L E. Advanced Producer Services: Just a Service to manufacture? [J]. The Service Industries Journal, 1996, 16 (3): 389-400.

[50] 程大中. 中国生产性服务业的水平、结构及影响——基于投入产出法的国际比较研究 [J]. 经济研究, 2008 (1): 76-88.

[51] 潘朝相, 徐玲. 长三角区域的生产性服务业空间聚集与体系构建 [J]. 中国科技论坛, 2008 (12): 66-70.

[52] 钟韵, 闫小培, 林彰平. 高等级中心城市生产性服务输出空间特征——基于广州商务服务企业行为的探讨 [J]. 地理研究, 2010, 29 (12): 2166-2178.

[53] 何骏. 中国生产性服务业发展的路径拓展与模式创新 [J]. 商业经济与管理, 2010, 219 (1): 76-84.

[54] 陈志新, 张忠根. 产业组织演进与供应链网络治理: 一个理论综述 [J]. 经济学家, 2010 (6): 38-43.

[55] Jose M. Crus., Zugang Liu. Modeling and analysis of the multiperiod effects of social relationship on supply chain networks [J]. European Journal of Operation Research 2011, 214: 39-52.

[56] Maskell, P. Towards a knowledge – based theory of the geographical cluster [J] . Industrial and Corporate Change, 2001, 10 (4): 921 – 943.

[57] Werner H Hoffmann. Strategies for Managing a Portfolio of Alliances [J] . Strategic Management Journal, 2007, 28 (8): 827 – 856.

[58] 蒋军锋，韩明君，程小燕．战略导向转换与创新过程整合关系的研究进展 [J] . 科研管理，2015, 36 (1): 43 – 53.

[59] Prahalad C K, Ramaswamy V. Co – opting customer competence [J] . Harvard Business Review, 2000, 78 (1): 79 – 87.

[60] R. Lusch, S. Vargo. Service Dominant Logic: Reactions, Reflections, and Refinements [J] . Marketing Theory, 2006, 6 (3): 31 – 47.

[61] R. C. Basole, W. B. Rouse, Complexity of service value networks: Conceptualization and empirical investigation [J] . IBM Systems Journal, 2008, 47 (1): 53 – 70.

[62] Vargo, S. L. , Lusch, R. F.. Service dominant logic: What it is, what it is not, what it might be [A] . In R. F. Lusch , S. L. Vargo (Eds.) . The service – dominant logic of marketing: Dialog, debate and directions [C] . Armonk, NY: M. E. Sharpe, 2006: 43 – 56.

[63] 朱秀梅，陈琛，蔡莉．网络能力、资源获取与新企业绩效关系实证研究 [J] . 管理科学学报，2010 (4): 44 – 56.

[64] Ulrich, K. The Role of Product Architecture in the Manufacturing Firm [J] . Research Policy, 1995 (24): 419 – 440.

[65] 何大军，巫景飞，芮明杰．企业创新战略视角下产业模块化动力机制研究 [J] . 管理学报，2010, 7 (2): 177 – 181.

[66] Chang – feng Wang, Yan Han. Optimal Assignment of Principalship and Residual Distribution for Cooperative R&D [J] . Journal of Industrial and Management Optimization, 2012, 8 (1): 127 – 139.

[67] Lisa M Ellran , Vendy L. Tate and Corey Billington [J] . Under-

standing and Managing the service supply chain The Journal of Supply Chain Management, Fall, 2004: 17 -32.

[68] Changfeng Wang , Peng Zhang. The Relationship between Properties of Knowledge, Network Topologies and Firm Innovation Performance: Based on the Perspective of Absorptive Capacity [J] . Information, 2012, 15 (8): 3351 -3364.

[69] John T. Bowen Jr , Thomas R. Leinbach. AirCargo Services in Asian Industrialising Economies: Electronics Manufacturers and the Strategic Use of Advanced Producer Services [J] . Regional Science, 2003 (82): 309 -332.

[70] 徐可，何桢，王瑞. 供应链关系质量与企业创新价值链 [J] . 南开管理评论，2015, 18 (1): 108 -117.

[71] 刘明宇，芮明杰. 价值网络重构、分工演进与产业结构优化 [J] . 中国工业经济，2012 (5): 148 -160.

[72] T. Levitt. Production -Line Approach to Service [J] . Harvard Business Review, 1972, 50 (5): 41 - 52.

[73] L. Araujo , M. Spring. Services, Products, and the Institutional Structure of Production [J] . Industrial Marketing Management, 2006, 35 (7): 797 - 805.

[74] 张小蒂，王永齐. 企业家显现与产业集聚：金融市场的连接效应 [J] . 中国工业经济，2010 (5): 59 -67.

[75] 徐礼伯，施建军. 联盟稳定动态：基于互依平衡的理论研究 [J] . 中国工业经济，2010 (3): 97 -107.

[76] 王成亮，丁晓东，宗利永. 生产性服务外包的关系特征和价值网络构建，中国流通经济，2011 (1): 11 -15.

[77] Tremersch S, Weiss A M, Dellaert BGC, et al. Buying Modular Systems in Technology Markets [J] . Journal of Marketing Research, 2008, 40 (3): 337 -348.

[78] Bruson S, Prencipe A. Making Design Rules: A Multi - domain Per-

spective [J] . Organization Science, 2011, 17 (2): 179 - 189.

[79] Ethiraj S K, Levinthal D. Modularity and Innovation in Complex Systems [J] . Management Science, 2010, 50 (2): 160 - 171.

[80] 夏辉，薛求知．服务型跨国公司全球模块化与服务业国际转移及其对中国的启示 [J] . 财贸经济，2011 (3): 81 - 89.

[81] Jambulingam T, Kathuria R and Doucette W R. Entrepreneurial orientation as a basis for classification within a service industry: The case of retail pharmacy industry [J] . Journal of Operation Management, 2005, 23: 23 - 42.

[82] Mark de Reuver. , Harry Bouwman, Governance mechanisms for mobile service innovation in value networks [J] . Journal of Business Research, 2012, 3 (65): 347 - 354.

[83] Vargo, S. L. , Lusch, R. F. From goods to services: Divergences and convergences of logics [J] . Industrial Marketing Management, 2008, 37 (3): 254 - 259.

[84] Renu Agarwal. , Willem Selen. Dynamic capability building in service value networks for achieving service innovation [J] . Decision Sciences, 2009, 40 (8): 431 - 475.

[85] 王成亮，丁晓东．生产性服务组织模式与价值网络运行机制[J] . 中国流通经济，2011 (9): 51 - 54.

[86] 刘明宇，芮明杰，姚凯．生产性服务价值链嵌入与制造业升级的协同演进关系研究 [J] . 中国工业经济，2010 (8): 66 - 75.

[87] 王军，王美荣，曲然琳．基于协同救助的海上救助报酬合理分配方法 [J] . 中国管理科学，2014，22 (9): 74 - 81.

[88] Jiang - Jiang Wang, Chao Fu, Kun Yang, Xu - Tao Zhang, Guo - hua Shi , John Zhai. Reliability and availability analysis of redundant BCHP (building cooling, heating and power) system [J] . Energy, 2013, 61 (1): 531 - 540.

[89] Haiyang Yu, Chengbin Chu, Eric Chatelet, Farouk Yalaoui. Reliabili-

ty optimization of a redundant system with failure dependencies [J]. Reliability Engineering & System Safety, 2007, 92 (12): 1627 - 1634.

[90] Ta - Cheng Chen, Peng - Sheng You. Immune algorithms - based approach for redundant reliability problems with multiple component choices [J]. Computers in Industry, 2005, 56 (2): 195 - 205.

[91] Ding Xiaodong, Wang Chengliang. A Novel Algorithm of Stochastic Chance - Constrained Linear Programming and Its Application [J]. Mathematical Problems in Engineering, Volume 2012 (03): 1 - 17.

[92] Emmanuel Jeannot, Erik Saule, Denis Trystram. Optimizing performance and reliability on heterogeneous parallel systems: Approximation algorithms and heuristics [J]. Journal of Parallel and Distributed Computing, 2012, 72 (2): 268 - 280.

[93] David E Fyffe, William W Hines, NAMKeeLee. System reliability allocation and allocation and a computational algorithm [J]. IEEE Transactions on Reliability, 1968, 17 (2): 64 - 69.

[94] 高仁璟，刘书田．基于遗传算法的复杂系统可靠度和冗余数设计分配优化 [J]．大连理工大学学报，2002，42 (6)：741 - 744.

[95] R. Tavakkoli - Moghaddam, J. Safari, F. Sassani. Reliability optimization of series - parallel systems with a choice of redundancy strategies using a genetic algorithm [J]. Reliability Engineering & System Safety, 2008, 93 (4): 550 - 556.

[96] Harish Garg, Monica Rani. An approach for reliability analysis of industrial systems using PSO and IFS technique [J]. ISA Transactions, 2013, 52 (6): 701 - 710.

[97] Amir Hossein Gandomi, Xin - She Yang, Amir Hossein Alavi. Mixed variable structural optimization using Firefly Algorithm [J]. Computers & Structures, 2011, 89 (12): 2325 - 2336.

[98] A. Rahmani, S. A. MirHassani. A hybrid Firefly - Genetic Algorithm

for the capacitated facility location problem [J]. Information Sciences, 2014, 283 (1): 70 - 78.

[99] Srikanta Mahapatra, Sidhartha Panda, Sarat Chandra Swain. A hybrid firefly algorithm and pattern search technique for SSSC based power oscillation damping controller design [J]. Ain Shams Engineering Journal, 2014, 5 (4): 1177 - 1188.

[100] Masoud Farhoodnea, Azah Mohamed, Hussain Shareef, Hadi Zayandehroodi. Optimum placement of active power conditioners by a dynamic discrete firefly algorithm to mitigate the negative power quality effects of renewable energy - based generators [J]. International Journal of Electrical Power & Energy Systems, 2014, 61 (10): 305 - 317.

[101] Yang Xin - she. Nature - inspired meta - heuristic algorithms [M]. Luniver Press, 2008.

[102] Kathleen M. Eisenhardt, Jeffrey A. Martin, Dynamic Capabilities: What Are They? [J]. Strategic Management Journal, 2000 (21): 1105 - 1121.

[103] Subba J, Narasimha P. N.. Strategy in Turbulent Environments: The Role of Dynamic Competence [J]. Managerial & Decision Economics, 2001 (22): 201 - 202.

[104] T. Levitt. Production - Line Approach to Service [J]. Harvard Business Review, 1972, 50 (5): 41 - 52.

[105] L. Araujo and M. Spring. Services, Products, and the Institutional Structure of Production [J]. Industrial Marketing Management, 2006, 35 (7): 797 - 805.

[106] Storbacka kaj, Strandvik Tore and Groliroos Christian. Managing customer relationships for profit: the dynamics of relationship quality [J]. International Journal of Service Industry Management, 1994 (5): 21 - 38.

[107] Parasuraman, Zeithaml, and Berry. Alternative scales for measuring service quality: A comparative assessment based on psychometric and diagnostic criteria [J]. Journal of marketing, 1994, 70 (3): 201 - 230.

[108] Ahmet Aktas, A. Akin Akus, Beykan Cizel. Destination choice an important satisfation analysis [J]. Quality Quantity, 2007 (41): 265 -273.

[109] Maskell, P. Towards a knowledge - based theory of the geographical cluster [J]. Industrial and Corporate Change, 2001, 10 (4): 921 - 943.

[110] Hsieh P, Lee C. , Ho J. C. Strategy and process of value creation and appropriation in service clusters [J]. Technovation , 2012, 32: 430 -439.

[111] Prahalad C K, Ramaswamy V. Co - opting customer competence [J]. Harvard Business Review, 2000, 78 (1): 79 -87.

[112] R. Lusch, S. Vargo. Service Dominant Logic: Reactions, Reflections, and Refinements [J]. Marketing Theory, 2006, 6 (3): 57 -61.

[113] 冯泰文. 生产性服务业的发展对制造业效率的影响——以交易成本和制造成本为中介变量 [J]. 数量经济技术经济研究, 2009 (3): 45 -63.

[114] Boschma, R. A. Proximity and innovation: a critical assessment [J]. Regional Studies, 2005, 39 (1): 61 -74.

[115] Agarwal, R. and Selen, W. Dynamic capability building in service value networks for achieving service innovation [J], Decision Sciences, 2009, 40 (3): 431 -475.

[116] 蔺雷，吴贵生. 服务创新：研究现状、概念界定及特征描述 [J]. 科研管理，2005，26 (2): 1 -6.

[117] Betz, F. Managing Technology Competing through New Ventures, Innovation, and Corporate Research [M]. New York: Prentice Hall, 1987.

[118] Betz, F. Managing Technology Competing through New Ventures, Innovation, and Corporate Research [M]. New York: Prentice Hall, 1987.

[119] 魏江，Boden Mark. 知识密集型服务业与创新 [M]. 科学出版社，2004：46－47.

[120] Sundbo, J. Empowerment of employees in small and medium－sized service firms [J]. Employee Relations, 1999, 21 (2): 105－127.

[121] Eisingerich, A. B. et al. Managing service innovation and inter－organizational relationships for firm performance: To commit or diversity? [J]. Journal of Service Research, 2009, 11 (4): 344－356.

[122] Bettencourt, L. A. Service innovation: How to go from customer needs to breakthrough services [M]. New York: McGraw－Hill Companies, Inc., 2010.

[123] 蔺雷，吴贵生. 服务创新：研究现状、概念界定及特征描述 [J]. 科研管理，2005，26 (2)：1－6.

[124] Gallouj, F., Olivier, Weillsteill. Innovation in Service [J]. Research Policy, 1997 (16): 537－556.

[125] Voss C., Johnston R., Silvestro R., Fitzgerald L., Brignall T. Measurement of Innovation and Design Performance in Services [J]. Design Management Journal Winter, 1992: 40－46.

[126] Bilderbeek. R., Hertog. P. Conceptualizing service Innovation and The Knowledge Flow Between and Their client [R]. The Results of SI4S Topic Paper Ⅱ, SI4S project, 1998.

[127] Schiuma, G., Lerro, A. Knowledge－based capital in building regional innovation capacity [J]. Journal of Knowledge Managnmentement, 2008, 12 (5): 121－136.

[128] 解学梅. 企业协同创新影响因素与协同程度多维关系实证研究 [J]. 科研管理，2015，36 (2)：69－78.

[129] Antonio Hidalgo, Luigi D'Alvano. Service innovation: Inward and

outward related activities and cooperation mode [J] . Journal of Business Research, 2014 (67): 698 –703.

[130] Hennart J F. Explaining the swollen middle: why most transactions are a mix of "market" and "hierarchy" [J] . Organization Science, 1993, 4 (4): 529 –547.

[131] Williamson O E. Transaction – cost economics: the governance of contractual relations [J] . Journal of Law and Economics , 1979, 22 (2): 233 –261.

[132] Heide J B. Inter – organizational governance in marketing channels [J] . Journal of Marketing , 1994, 58: 71 –85.

[133] Dyer J H, Singh H. The relational view: cooperative strategy and sources of inter – organizational competitive advantage [J] . Acad. Manage. Rev, 1998, 23 (4): 660 - 79.

[134] Lee Y, Cavusgil ST. Enhancing alliance performance: the effects of contractual – based versus relational – based governance [J] . Journal of Business Research , 2006, 59: 896 - 905.

[135] Cai S, Yang Z, Hu Z. Exploring the governance mechanisms of quasi – integration in buyer - supplier relationships [J] . Journal of Business Research , 2009, 62: 660 - 666.

[136] Granovetter Mark. Economic Action and Social Structure: The Problem of Embeddedness [J] . American Journal of Sociology, 1985, 91 (11): 86.

[137] Syson F, H Perks. New Service Development: A Network Perspective [J] . Journal of Services Management, 2004, 18 (4): 255 –266.

[138] 魏江，郑小勇．关系嵌入强度对企业技术创新绩效的影响机制研究 [J]．浙江大学学报（人文社会科学版），2010，11（6）：168 –180.

[139] 潘旭明．组织间的合作关系：基于嵌入关系的视角 [J]．经济学家，2008（2）：96 –101.

[140] Vargo, S.. Toward a transcending conceptualization of relationship: A service dominant logic perspective [J]. Journal of Business & Industrial Marketing, 2009 (24): 373-379.

[141] Ngo, L., & O'Cass, A. G. Innovation and business success: The mediating role of customer participation [J]. Journal of Business Research, 2013 (66): 1134-1142.

[142] Jespersen, K. R. User-involvement and open innovation: The case of decision-maker openness [J]. International Journal of Innovation Management, 2010 (14): 471-489.

[143] Ettlie, J., Rosenthal, S. Service versus manufacturing innovation [J]. Journal of Product Innovation Management, 2011 (28): 285-299.

[144] Roel R., Frans B. Regional social capital: Embeddedness, innovation networks and regional economic development [J]. Technological Forecasting & Social Change, 2007 (74): 1834-1846.

[145] ROMO, FRANK P, and MICHAEL SCHWARTZ. Structural Embeddedness of Business Decisions: A Sociological Assessment of the Migration Behavior of Plants in New York State between 1960 and 1985 [J]. American Sociological Review, 1995 (60): 874-907.

[146] Saxenian A. The Origins and Dynamics of Production Networks in Silicon Valley [J]. Research Policy, 1991 (20): 423-437.

[147] Heikkinen, M. T., Mainela, T., Still, J., Tahtinen, J.. Roles for Managing in Mobile Service Development Nets [J]. Industrial Marketing Management, 2007, 36 (6): 909-925.

[148] Hsieh, P. F., Strategy and process of value creation and appropriation in service clusters. Technovation [J]. Technovation, 2011, 3 (3): 1-10.

[149] Koornhof, C. Developing a Framework for Flexibility within Organizations [J]. South Africa Journal of Business Management, 2001,

32 (4): 21 - 29.

[150] Golden, W. and Powell, P. Towards a definition of flexibility: in search of the Holy Grail? [J] . Omega, 2000, 28: 373 -384.

[151] Tether, B. , Tajar, A. The organisational - cooperation mode of innovation and its prominence amongst European service firms [J] . Research Policy, 2008 (37): 720 -739.

[152] Borgatti, S. , Halgin, D. On network theory [J] . Organization Science, 2011 (22): 1168 - 1181.

[153] Sundbo, J. The toilsome path of service innovation: the effects of the law of low human multi - task capability [A] . In: Gallouj, F. , Djellal, F. (Eds.) . The Handbook of Innovation and Services: A Multi - disciplinary Perspective [C] . Cheltenham: Edward Elgar, 2010: 279 -300.

[154] Gebauer, H. , Kowalkowski, C. Customer - focused and service - focused orientationin organizational structures [J] . Journal of Business and Industrial Marketing, 2012, 27 (7): 527 - 537.

[155] Heiko Gebauer, Marco Paiola, Nicola Saccani. Characterizing service networks for moving from products to solutions [J] . Industrial Marketing Management, 2013 (42): 31 - 46.

[156] Windahl, C. , Lakemond, E. Integrated solutions from a service - centred perspective: Applicability and limitations in the capital goods industry [J] . Industrial Marketing Management, 2010, 39 (8): 1278 -1290.

[157] Changfeng Wang, Yan Han. Linking properties of knowledge with innovation performance: The moderate role of absorptive capacity [J] . Journal of Knowledge Management, 2011, 15 (5): 802 -819.

[158] Gummesson, E. , Lusch, R. , Vargo, S. Transitioning from service management to service - dominant logic: Observations and recommendations [J] . International Journal of Quality and Service Sciences,

2010（2）：8 - 22.

[159] Vargo, S. L., Lusch, R. F. It's all B2B and beyond: Toward a systems perspective of the market [J]. Industrial Marketing Management, 2011, 40 (2): 181 - 187.

[160] Raddats, C., Easingwood, C. Services growth options for B2B product - centric businesses [J]. Industrial Marketing Management, 2010, 39 (8): 1334 - 1345.

[161] Gerard Briscoe, Krista Kera¨nen, Glenn Parry. Understanding complex service systems through different lenses: An overview [J]. European Management Journal, 2012 (30): 418 - 426.

[162] 张炜，赵娟．英国服务创新政策分类模式与治理结构的经验启示［J］．科研管理，2015，36（2）：79 - 87.

[163] Mikkola J H, Tage Skjoett - Larsen. Early supplier involvement: implications for new product development outsourcing and supplier - buyer interdependence [J]. Global Journal of Flexible Systems Management, 2003, 4 (4): 31 - 41.

[164] 刘明宇，芮明杰，姚凯．生产性服务价值链嵌入与制造业升级的协同演进关系研究［J］．中国工业经济，2010（8）：66 - 75.

[165] 潘旭明．组织间的合作关系：基于嵌入关系的视角［J］．经济学家，2008（2）：96 - 101.

[166] Grabher. The Weakness of Strong Ties: The Lock - in of Regional Development in the Ruhr Area [A]. In Grbher (eds.) The Embedded Firms: On Social - Economics of Industrial Networks [C]. London: Rout ledge, 1993: 79.

[167] W. H ulsink, T. Elfr ing, W. St am. The Locus of Innovation in Small and Medium - Sized Firms: The Importance of Social Capital and Networking in Innovative Entrepreneur ship, in A. Romano & C. Petti (eds.), Cases in Technological Entrepreneurship [M]. Cheltanham: Edw ard Elgar, 2009.

[168] Lavie D. Alliance Portfolios and Firm Performance: A Study of Value Creation and Appropriation in the U. S. Software Industry [J]. Strategy Management Journal, 2007, 28 (3): 1187 -1212.

[169] Sanchez. Preparing for an uncertain future [J]. International Studies of Management& Organization, 1997, 27 (2): 71 -95.

[170] Greenaway, D., Hine, R. C., Wright, P. An Empirical Assessment of the Impact of Trade on Employment in the United Kingdom [J]. European Journal of Political Economy, 1999, 15 (3): 485 - 500.

[171] Castro, L., Olarreaga, M., Saslavsky, D. The Impact of Trade with China and India on Argentina' s Manufacturing Employment [J]. World Bank Policy Research Working Paper, 2007 (2): 4153.

[172] Dhanaraj, C., Beamish, P. W. Effect of Equity Ownership on the Survival of International Joint Ventures [J]. Strategic Management Journal, 2004, 25 (3): 295 - 305.

[173] Dhanaraj, C., Beamish, P. W. Effect of Equity Ownership on the Survival of International Joint Ventures [J]. Strategic Management Journal, 2004, 25 (3): 295 - 305.

[174] Sanchez, Preparing for an uncertain future [J]. International Studies of Management& Organization, 1997, 27 (2): 71 -95.

[175] Arellano, M., Bond, S. Some tests of specification for panel data: Monte Carlo evidence and an application to employment equations [J]. Review of Economic Studies, 1991, 58 (2): 277 - 297.

[176] Kiviet, J. On bias, inconsistency, and efficiency of various estimators in dynamic panel data model [J]. Journal of Econometrics, 1995 (8): 68 -83.

[177] Blundell, R., S. Bond. Initial conditions and Moment Restrictions in Dynamic Panel Data Models [J]. Journal of Econometrics, 1998 (87): 115 -144.

[178] Dyer J. H., Singh H. The relational view: cooperative strategy and

sources of inter – organization competitive advantage [J]. Acad. Manage. Rev, 1998, 23 (4): 660 – 79.

[179] Hennart J. F. Explaining the swollen middle: why most transactions are a mix of "market" and "hierarchy" [J]. Organization Science, 1993, 4 (4): 529 – 47.

[180] Li Y., Wei Z., Liu Y.. Strategic Orientations, Knowledge Acquisition, and Firm Performance: The Perspective of The Vendor in Cross – border Outsourcing [J]. Journal of Management Studies, 2010, 47 (8): 1467 – 1482.

[181] Miller D, Friesen P H. Successful and unsuccessful phases of the corporate life cycle [J]. Organization Studies, 1983, 4 (4): 339 – 356.